JN270792

コーチング選書

coach

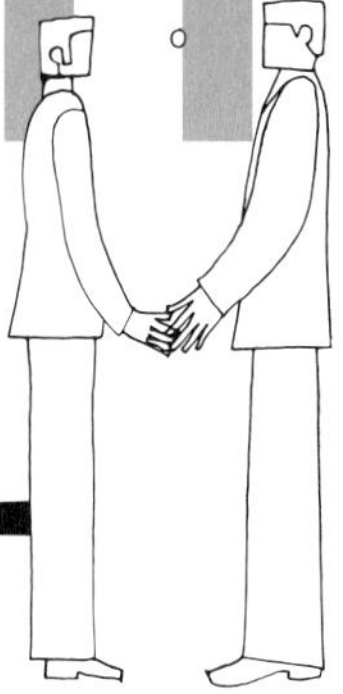

人を動かす
50の物語

Tales for coaching

M.パーキン著
コーチ・エイ監修
ディスカヴァー・クリエイティブ訳

Discover

コーチング選書について　**監修者より**

この「コーチング選書」は、わが国唯一のコーチング専門会社コーチ・トゥエンティワンおよびコーチ・エィが、主として海外のコーチングに関する良書を厳選して紹介するシリーズである。

両社がコーチングを初めて日本に導入したのは一九九七年。以来わずか七年間で、コーチングは非常に有効なマネジメント・スキルとしてビジネス界に定着するに至った。現在、各企業において多くの経営者・管理職の人々がコーチングを学んでいる。

コーチング学習人口が増えるにつれ、関連書籍も続々と出版されている。しかし、残念ながらわれわれの目から見てすべてを推薦できるとは言い難い。真剣に学習する人々の手に、コーチングに関して本当に信頼できる書籍を届けたいとわれわれは考えてきた。

加えて、コーチングは創始されてまだ二十年経たない若い手法であり、世界各地で日進月歩の勢いで研究開発が続けられている。そこから生まれる最新の、そしてもちろん有効なスキルや知識を、できるだけ早く日本のコーチング学習者に伝えたいという思いもあり、われわれは本シリーズの発刊を決めたのである。

本シリーズには、さまざまな角度からコーチングにアプローチする書籍を収めていく予定である。いずれも、現時点においてもっとも信頼するに足る書籍であると保証できる。最高のコーチを目指す読者の皆様のために役立つことを願ってやまない。

株式会社コーチ・トゥエンティワン
株式会社コーチ・エィ

はじめに

あなたがコーチングを学んでいて「人の能力を最大限に引き出したい」と考えているならば、物語のスキルをすでに使っている可能性がある。あたかも言葉で絵を描くように、聞き手の記憶に残る物語によってメッセージや知恵を語るというスキルは古くから使われてきたものだ。たとえばイソップやイエス・キリスト、ウィリアム・シェークスピア、アンデルセンも物語のスキルを活用した人物である。

そうした古くから活用されてきた物語のスキルを、現代のビジネスシーンの中で活用することが本書の目的である。収録した五〇の物語のほとんどは、読むのに数分もかからないものばかりで、それぞれ手軽に活用できるだろう。すべての物語は、すでにコーチングの場で使われており、刺激的なツールであることが証明されているものばかりだ。

それぞれには、本体の「物語」に加えて「教訓」と「質問」を付け加えている。「教訓」は、物語にこめられたメッセージや知恵、およびその解説である。「教訓」を相手に伝えるかどうかは、場合に応じて判断してほしい。相手の背景や、何をゴールとするかによって「教訓」を伝えるかどうかは変わってくるからだ。そして「質問」は物語と自分自身との接点を見つけるきっかけを作るものだ。「質問」をきっかけに、相手のクリエイティビティを刺激し、ディスカッションを深めることができる。

五〇の物語は、コーチングが有効に機能する五つのジャンルを各一章ずつにして収録した。

●第1章　ビジョンの明確化とゴール設定
●第2章　問題解決
●第3章　リフレイミングとクリエイティビティ
●第4章　エンパワーメント
●第5章　自己評価と成功

後半部分となる第6章以降では、物語のスキルとは何かを明らかにしていく。コーチングで物語を読むのは、小さな子どもに物語を読み聞かせるのとは違ったスキルが必要だ。まずは物語をどう活用するのか、そして物語にはどのような効用があるのかを説明しよう。そして実際に、物語をどのように用いればいいのか、物語を話すために必要な技術とは何なのかを明らかにしていく。

さあ、物語の世界の幕を開こう。そして新しい冒険をはじめようではないか。

TALES FOR COACHING by Margaret Parkin
Copyright©Margaret Parkin and named authors,2001

Japanese translation published by arrangement with Kogan Page Ltd
through The English Agency(Japan)Ltd.

人を動かす50の物語
Contents

第2章

問題解決

「どうやって達成するつもりなのか?」と質問する10の物語

第3章

リフレイミングとクリエイティビティ

「別の見方をしてみよう」と伝える10の物語

第4章

エンパワーメント

「あなたならできる」と伝える10の物語

第5章

自己評価と成功

「あなたはとてもよくやっている」と伝える十の物語

II 個人の成長のために物語を活用する

第6章 物語の機能と効用とは何か？

第 I 部

•

50の物語

50Tales

第Ⅰ部の構成

これからご紹介する五〇の物語は、それぞれ次のように構成されている。

1　物語―テーマとなる物語そのもの。

2　教訓―物語のメッセージ、学習のポイント。および物語の由来や、物語を使うのに適した状況などの解説。

3　質問―物語を自分のものとしてとらえることを促す質問の例。

この本はさまざまな使い方ができる。

あなた一人で物語を読み、「質問」に答える形で、たとえばノートなどに答えを書き出すことで、あなた自身の気づきを促し理解を深めることができる。

もちろん個人やグループを対象にしたコーチングで活用することもできる。本書でご紹介するストーリーのようなコンテンツの活用は、コーチングの最新トレンドだ。

物語を話すとき「教訓」を相手に示すか、それとも相手自身に考えさせるかは状況に応じて決めればよい。相手が自分なりの意味を見つけだすように、物語を相手の意識の中で揺り動かしておくほうがよいなら、話を語るだけにしておけばよい。物語をディスカッションの題材にしたり、将来の行動指針を明確にしたりといった具体的な目的があるのなら「質問」を使って、物語と自分を比較するよう促すとよい。くれぐれも「質問」が「尋問」にならないように注意してほしい。尋問してしまうと、相手は論理的に考えて、理屈にあう答えを探すだけになってしまう。物語が気づきや視点の転換を起こす可能性をつぶしてしまうことになるのだ。

課題となるテーマから物語を選ぶこともできる。各章の先頭ページを見て、あなたの課題に類似のテーマが五章のうちのどこで扱われているかをチェックしてみてほしい。

ふさわしい章の、それぞれの物語の「教訓」と「質問」にざっと目を通し、テーマに最も合うものを選ぶ。物語を語る際に、あなた自身の経験や記憶にある出来事を引用し、物語を脚色することは一向にかまわない。短くするのも自由だ。もっとも大切なのは物語を楽しむことなのである。

第 1 章

ビジョンの明確化とゴール設定

「あなたは何を達成したいのか？」と質問する10の物語

Envisioning and Goal Setting

この章では、本当に自分のものと言える具体的な目標を設定するための物語を集めた。

【この章のテーマ】

●達成可能なビジョンをつくる。
●現実的な目標を設定する。
●成功するためのプランをつくり、優先順位をつける。
●目標達成のためのために協力する。
●仕事をチャンクダウンする。
●信念と自信を持つ。
●目標が、本当に自分の望むものなのかを確認する。
●個人的な目標とチーム目標を設定する。
●目標達成を促すリーダーシップを発揮する。
●目標達成のためめに現実的な方法をとる。
●ポジティブな目標設定をする。ポジティブ思考をする。

●第1の物語●

ミダス王の金の手

古代小アジアの王国フリギアにミダス王という王様がいました。彼は大金持ちなのに、もっともっと裕福になりたいと思っていました。

ある日庭を歩いていたミダス王は、地べたで眠っている老人を見つけました。酒の飲みすぎでつぶれているその老人は、酒と快楽の神バッカスの良き友であり、良き話し相手でもあるシノレスです。そうと気づいたミダス王は、顔をほころばせ、小さな声でつぶやきました。

「またシノレスは好き放題に飲みすぎたようだな」

ミダス王は優しくシノレスを立たせてやり、宮殿へ連れ帰って歓待しました。

その話を聞いたバッカスは、シノレスを温かくもてなしてくれたミダス王にお礼をしたいと考えました。

「何なりと望みのものをあげよう」そうバッカスはミダス王に言いました。

ミダス王は愚かにも次のように即答しました。

「自分が触れるものすべてが金に変わるようにしてほしい、それが一番の願いだ」

「本当にそれが願いなんだね」バッカスは念を押しました。

バッカスはミダス王がこの願いを後悔して暮らすことになるとわかっていたのです。しかしミダス王は考えを変えません。そしてバッカスはミダス王の願いをかなえました。

ミダス王はこの新しく手に入れた力を、すぐに試さずにはいられません。さっそく花を摘むと、それはたちまち輝く金の花になりました。ミダス王は興奮に我を忘れ、次から次へといろんな物に触っていきました。イス、テーブル、つぼ。何もかもが金に変わったのです。

喜んだミダス王は、召使に言いつけ、盛大な祝宴を催しました。ところが、ミダス王が食べ物を口元まで運んだそのとき、それもまた金に変わり食べられなくなってしまったのです。

パン、果物、肉――ミダス王の触れたものすべてが同じ結果となりました。ワインを飲もうとしても、唇に触れたとたんに金に変わり、のどにつかえてしまうのです。

ミダス王は、何とかしてほしいとバッカスに泣きつきました。情け深い神バッカスは、それを聞き、パクトロス川へ行って水浴びするようにミダス王に指示しました。

ミダス王がそうすると、不思議な力とともに金や富にたいする欲望までもがすっかり消えてなくなりました。ほっとしたミダス王が川から出ると、砂が黄金に変わっていました。

教訓

素晴らしいものだと思えても、実現してしまうとそうではないことに気づくことがある。

ギリシャ神話の中の有名な物語である。英語では「ミダス王の手（＝the Midas touch）」という言葉は「競争の中で巨額の富を勝ちとった人」「成功した、才能ある人」を示すポジティブな言葉として使われている。

けれどもギリシャ神話にある元のミダスの物語は、その英語の慣用句とは違った教訓を伝える物語である。この話は「願い事には危険が伴うかもしれないこと」「後で後悔するはめになるかもしれないこと」に気づかせてくれる。

質問

□あなたにとって「金」に当たるものは何ですか？

□その目標があなたにとって好ましいのはなぜですか?
□その目標はあなたに合ったものですか?
□目標を達成した時に失う可能性のあるものは何ですか?
□あなたはそれでも、その目標を達成したいと思いますか?
□目標が達成できなかったら、どうなりますか?
□もっと現実的で達成可能な目標は設定できないでしょうか?

・第2の物語・
ころばぬ先の杖

キツネが井戸に落ち、出られなくなっていました。そこへ通りかかったヤギがキツネを見つけ、その水は美味しいかと尋ねました。ヤギはのどが渇いていたのです。

キツネはこのチャンスに飛びつきました。雄弁さをフルに発揮して水の美味しさを誉めちぎり、井戸の底に降りてくるようにヤギにすすめました。ヤギはのどがカラカラだったので、何も考えずに井戸に入り、思う存分水を飲みました。それから二匹は、どうやったら井戸から出られるかを考えはじめたのです。

「いい考えがあるんだ」キツネが言いました。「僕たち二匹が助かるために、君は協力してくれるよね。前足で壁を突っ張って後ろ足で立ち上がって、それから角をまっすぐ上に立ててもらいたいんだ。そうすれば僕が上がれる。僕が上がったら君を引っ張り上げることができる」

ヤギは喜んで賛成しました。そしてキツネは、ヤギの腰から肩、肩から角へと素早くよじ登りました。そしてまんまと井戸の外に出ると、さっさとどこかへ行こうとしたのです。ヤギが約束を破ったと文句を言うと、キツネは戻って来てこう言いました。

「ねえ君、あごに生えている毛ほどには、頭に脳みそがつまっていないみたいだね。そうじゃなきゃ上がり方も考えないで、井戸の底に下りるようなことはしなかっただろうよ」

教訓

行動を起こすのは、進む道が最後まではっきり見えてからにしなくてはいけない。

イソップはその存在が定かではない伝説の人物である。歴史書では、紀元前のギリシャの奴隷だったとされている。長い年月を経て、彼の物語は、ウイットにとんだ人生訓として広く知られるものとなっている。

質問

□あなた（またはあなたの知っている誰か）は、どのような点で、「キツネ」や「ヤギ」といえるでしょう？
□どうすればキツネとヤギは協力することができたのでしょうか？
□何の疑いも抱いていない人を誘い込む「井戸」に当たるものは何でしょう？
□結末を想定することなく仕事をスタートしたことはありますか？
□職場で、あなたを井戸から引っ張り上げてくれるのは誰でしょう？
□あなたが井戸から助ける相手は誰ですか？

・第3の物語・ 星を投げる人

海岸を歩いていたある男が、遠くにいる一人の少年を見つけた。少年は浜から何かを拾い上げ、そして海に投げ入れている。もっと近づくと、なんと少年が投げているものはヒトデだった。気がつくと少年の周りはヒトデだらけだった。数えきれない程のヒトデが、延々と続く海岸をびっしりと埋めつくしているのだった。

男は少年に近寄って尋ねた。

「どうしてヒトデを海に投げているの？」

「波打ち際のヒトデは、朝になって潮が引いたら死んでしまいます」少年は手を休めずに答えた。

「ばかげているよ！」男は叫んだ。「周りを見てごらん。見渡す限りの海岸に数限り無くヒトデがいる。君のしていることに何か意味があると思っているの？」

少年はまた一つヒトデを拾い上げると、ちょっと考えていた。

「このヒトデにとっては意味がありますよ」

少年はそう言ってから、また一匹ヒトデを海に投げ入れた。

教訓

やってみなければ、達成はできない。どんなに小さな努力でも何もしないよりはよい。


この物語は、目標を小分け《チャンクダウン》して具体的な行動に落とし込むことの大切さ、そして信念を持ってスタートすることの大切さを示している。

オリジナルを作ったのは、アメリカの人類学者ローレン・アイスレーだ。この物語のバリエーションはさまざまな形で語られている。今にもあきらめそうになっている人を励ますのにぴったりの話なのだ。私たちは誰もが時にあきらめの心境になるものではないだろうか。

質問

□あなたが助けたいヒトデとは、何ですか？
□あなたが今、達成しようとしている目標は何ですか？
□それをどのように小分け《チャンクダウン》することができるでしょう？
□目標は努力するだけの価値がありますか？　また、それはなぜですか？
□仕事が完了するまで、どうやって最初の決意を維持し続けますか？

●第4の物語● 利口な漁師

メキシコで休暇をとっていたアメリカのビジネスマンが、小さな海辺の村の桟橋に立っていると、一人の漁師が乗った小舟が近くにやってきた。舟の中には脂ののった大きなマグロが数匹。アメリカ人はさっそく魚の立派さを誉め、それを獲るのにどれくらいの時間がかかるのかと漁師に尋ねた。

「そんなにはかかりませんよ、セニョール。二、三時間海に出ていただけです」メキシコ人は答えた。

ちょっと疑問に感じたアメリカ人は言った。

「あなたが腕のいい漁師だってことは見たらわかるし、魚もとても立派だ。なのに、どうしてもっと長く海にいて、もっとたくさんの魚を獲らないんですか？」

メキシコ人は笑った。

「どうして私がそんなことしなくちゃならないんです、セニョール。私は自分と家族を十分養っていけるだけの金を稼いでいます。これ以上魚を獲る必要はないんです」

これを聞いてアメリカ人は尋ねた。

「じゃあ、残りの時間はいったい何をしているのですか?」

漁師は答えた。「何でもしたいことをすればいいんです、セニョール。子どもと遊んだり、かみさんと昼寝《シエスタ》を楽しんだり。毎日夕方になると村へぶらぶら歩いていき、友人《アミーゴ》たちとワインをすすりギターを弾く。私は豊かで充実した日々を送ってるんですよ」

「まあ、今はそう思ってらっしゃるんでしょうが――」アメリカ人は冷笑し、名刺を取り出した。「私はハーバードでマネジメントを専攻しました。あなたは成功できるのに、それに気づいていませんよ。いいですか。まずあなたは毎日もっと長い時間漁をするべきです。もっと利益を出して、もう少し大きな舟を買うのです。そして、さらに利益を増やして、さらに数隻の舟を買う。つまりあなたは複数の舟のオーナーとなるわけです。もちろん他の漁師を雇わなくてはなりません。心配はいりません。漁師探しを頼めるいい人物を知っているんです」

アメリカ人は筆記用具を取り出し、あわただしくフローチャートを書いた。

「数年後には――」アメリカ人は続けた。「魚を市場に卸さずに、加工業者に直接売るようにし、最終的には自分の缶詰工場を開くのです。収穫から加工、流通までを、あなたがコントロールするわけです。もちろんあなたには村を出て、メキシコシティあたりに引っ越してもらう必要があります。市場にあなたの顔を売らなければなりませんからね。そのうちにロサンジェルスに移り、最終的にはニューヨークで、発展を続けるビジネスをマネジメントできるようになります」

ここまで言うと、アメリカ人は少し息を切らして話すのをやめ、漁師が彼のアドバイスを感謝の言葉で受け入れるのを待った。漁師はじっと考えていた。

「セニョール、そうなるまでには、どれくらいの年月がかかるんです？」

すでに電卓をはじきながら忙しくレポート用紙に書き込んでいたアメリカ人は、こう答えた。

「そうですねえ、十五年から二十年というところでしょうか」

「……それでセニョール、そのあとはどうなるんです？」

アメリカ人は笑った。

「ここからが本当に大切な部分です。時期がきたら…もちろんその時には喜んでお教えしますが…会社の株を公開して、一般人に株を売り大金持ちになるんです。何百万ドルも稼げますよ」

「何百万ドルですか、セニョール？」漁師はあごを撫でながら尋ねた。「それでその後はどうなるんです？」

アメリカ人は答えた。

「そうですね、最後にあなたは一財産を築いて引退し、あなたやご家族のために望んでいた生活ができるようになります。たとえば、小さな海辺の漁村に住むこともできます。何をしようとあなたの自由です。子どもと遊んだり、奥さんとシェスタを楽しんだり。毎日夕方になると村へぶらぶら歩いていき、アミーゴたちとワインをすすりギターを弾く。そんな豊かで充実した日々を送れるんです」

漁師はちょっと考えてから言った。

「アドバイスありがとうございました、セニョール。せっかくのお話ですが、やはり私は、十五年間を無駄に使わず今のままでいたいと思います」

教訓

目標が本当に自分の求めているものなのか、それとも誰かの価値観に影響を受けただけに過ぎないのかを、確認するべきである。

この物語は、目標とは何かを考えさせてくれる。目標とは、単純に、現実的で達成可能な目標を作ればよいというものではない。その目標が本当に自分の求めるものなのかという点が非常に重要だ。

自分自身の目標を持っていなければ、自分以外の誰かの目標達成を助けるだけの人生で終わってしまうのだ。

質問

□あなたの目標は、あなたの価値観と合っていますか？
□あなたが達成しようとしている目標は何ですか？
□あなたはなぜそれを達成したいのですか？　それが確かにあなたの目標だと言い切れますか？
□目標を達成したらどうなりますか？　それはあなたに何をもたらすのでしょう？
□目標を達成しなかったらどうなりますか？
□あなたの目標設定に影響を与えているのは誰ですか？
□あなたの長期目標、短期目標は何ですか？　それぞれの目標は、ずれてはいませんか？

● 第5の物語 ●
落とした鍵

ある夜遅く、家に帰る途中の男が、街灯の下で四つんばいになっているナスルディンに出くわした。地面に落とした何かを探している様子だ。

「ナスルディン、何を探しているのですか?」男は近づきながら尋ねた。

「家の鍵を探してるんです」ナスルディンは、そのままの姿勢で答えた。

「お手伝いしますよ」男はそう言って、ナスルディンと一緒にかがみ込んで、街灯の下で、注意深く探しはじめた。

数分間探してどうしても見つからなかったので男は尋ねた。

「ナスルディン、鍵を落とした正確な場所がわかりますか?」

ナスルディンは後ろの暗い道を指差した。

「向こうです。私の家の中」
「じゃあ一体なぜこんなところで探しているんです？」男は信じられないといった口調で尋ねた。
「だって家の中よりここのほうが明るいじゃありませんか」ナスルディンは答えた。

教訓

自分が正しい場所で正しいものを探しているかを常に確認しよう。

ナスルディンの物語は作者が誰なのかはっきりしていない。ナスルディンは、中東の各地に語り伝えられる寓話の主人公で、いろいろな場所にさまざまな形で現れる架空の人物だ。彼のエピソードは、愚かな召使や道化的な人物の典型として、シンプルに教訓を伝えている。

この話は私のお気に入りだ。短さにごまかされないでほしい。この物語で、目標設定、問題解決、将来のビジョンといったテーマについて何時間もディスカッションできるのだから。

質問

□あなたの目標は何ですか？　あなたは何を探しているのですか？
□あなたはその目標を正しい場所で探していますか？
□あなたはどんな鍵を探しているのですか？　それは何を開ける鍵ですか？
□人生や仕事での「暗闇」や「光」とは何ですか？
□あなたが鍵を探すのを手伝ってくれそうなのは誰ですか？
□あなたはどれくらい長く探し続けるつもりですか？
□鍵が見つかったらどうなるでしょう？　また、見つからなかったらどうなるでしょう？

・第6の物語・

大きなクモの巣

クモは巣を作るのに完璧な場所を見つけました。古い家の軒下で、雨や風を避けられるうえに、通りかかる昆虫の逃げ道はありません。

クモは巣の完成を目指し、てきぱきと糸を吐きはじめました。頭の中では、やがて捕まえる美味しいご馳走のことばかり考えていました。

巣は最初は小さなものでした。しっかりした土台を作るのに全力を注いだからです。土台ができると、クモは放射状の線を作り、大きく複雑な巣を作りはじめました。巣は四方に広がり、太陽の光を受けてきらめきました。

巣は夕方に完成しました。昆虫たちは夕暮れに現れます。クモは上出来の巣の中でつんとすまして、最初の犠牲者を待ちました。そして、その夜、何百匹もの蚊やブヨ、羽蟻が飛んできて、多くが巣にひっかかりました。クモは毒で虫を麻痺させ、巣の端にある貯蔵所まで運びました。これほど収穫の多い日はひさしぶりです。その夜は一週間でも食べきれないほどの収穫があったのです。

それなのに、このクモは貪欲でした。「稼いだもの勝ち」だと考えて、ずっと前からその軒下に住んでいたクモたちのことを無視したのです。彼女の巣は他のクモの巣の手前にあったので、やってくる虫のほとんどが彼女のところでひっかかりました。他のクモの巣にかかるのは、ほんのわずかな虫だけです。最初、他のクモたちは彼女の巣を壊そうとしたのですが、彼女は素早く修理し、お返しに彼らの巣を傷つけました。

彼女は誰かに場所を取られるのではないかと心配し、必死で自分の縄張りを守っていました。彼女は巣の修理のたびに、土台を強化しながら少しずつ巣を広げ、徐々に他のクモの領地に侵入していきました。他のクモたちはあきらめて他の場所へ移ったので、そこは彼女の天下となりました。

彼女の並外れて大きな巣は維持が大変でした。毎晩二十匹から三十匹の昆虫がかかり、糸に大きな負担がかかったのです。糸はたるみはじめ、ついにはあちこちが破れてしまいました。

夏の乾燥した気候が追い討ちをかけました。ねばねばした糸にほこりがついて、重くのしかかったのです。

とうとう巣は壊れてしまい、修理不可能となりました。クモはそれを捨て、新しい場所で一からやり直さざるを得なくなってしまいました。

教訓

目標は慎重に定めなくてはいけない。さもないと自分自身の成功の犠牲となりかねない。

この話は起業家や独裁的なリーダーのもと、競争原理の中で働く人々に語るのに最適な物語だ。勢力拡大に内在する問題がうまく描かれている。

この物語を題材に、個人的目標とチーム目標の設定、目標をどう達成するか、他人との協力といったテーマについて考えてみよう。

質問

□この物語はあなたの属する組織、または他の組織とどのように関連していますか？
□あなた（またはあなたの知っている誰か）は、どのような点でこのクモに似ていますか？

□あなたは何を達成したいかについて、考え抜いたことがありますか?
□あなたはあまりにも高い目標を設定していませんか?
□目標を達成したら、それらをどのように維持していきますか?
□他の人ともっと協力的に働くにはどうすればよいでしょう?

・第7の物語・

弓術の達人

昔一人の兵士がいた。若いころには恐ろしく強く、さまざまな武器を使いこなしたが、弓だけは苦手としていた。戦いの生活に疲れた兵士は、引退し、余生をささげて弓術を極めることにした。兵士は弓術を教える僧院を見つけ、そこで十年の間喜んで技術の習得に励んだ。十年目が終わったとき僧院長がやってきて兵士に言った。

「息子よ、我々は弓術について教えるべきことはすべて教えた。そろそろお前の立ち去るときが来たようだ」

兵士は重い心で僧院を去り、しばらくの間一人でさまよった。そうこうするうちに昔いた村にたどり着いた。村に足を踏み入れた兵士は驚いた。木に的が描いてあり、そのど真ん中に矢がささっているのだ。

「あの矢を射た人物は素晴らしい射手に違いない」兵士はつぶやいた。

しばらく歩くとまた的があり、それから次々と的が見つかった。どの的にもど真ん中に矢がささっている。

兵士はこの恐るべき弓術の達人にぜひとも会いたいと思った。その人物から多くを学べるに違いないと考えたのだ。兵士は村の年寄りたちに会いに行き、こう言った。「あの矢の射手に、一時間後に私に会ってくれるよう頼んでほしい。私は村のはずれの川岸で待っている」

一時間後、兵士は村はずれの川岸に向かった。けれどもそこには誰もいなかった。ただ小さな女の子が土手で遊んでいるだけだ。女の子は兵士に気づき、近寄ってきた。

「おじさん、誰かを待っているの？」女の子が兵士を見上げて尋ねたが、兵士は女の子を追い払おうとした。

「お嬢ちゃん、どこかへお行き」

「でも――」女の子は続けた。「私が役に立つかもしれないよ。おじさんは誰かを探しているみたいだし、私はここで待っているようにって言われたのよ」

兵士は疑い深い目つきで女の子を見た。

「その通りだ」兵士は言った。「私は人を待っている。この国一番の射手を待ってるんだ。この村のあちこちで完璧に真ん中を射抜かれた的を見た。その矢を射た人物に会いたいんだ」

「じゃあ、私たちはうまく会えたってわけね」女の子は言った。「だって、矢を射たのは私だもん」

　兵士は身をかがめ、よりいっそう疑わしげな目で女の子を見た。

「もしあんたが本当のことを言ってるんなら――」兵士は言った。「どうやったら射た矢を全部まん中に命中させられるのか、教えてほしい」

「そんなこと簡単よ」女の子は答えた。「弓をまっすぐに向けて矢を飛ばすだけ。それから矢の当たったところに的を描けばいいの」

教訓

すべてが見かけどおりだとは限らない。

　これは長きにわたって、さまざまな形をとって語り継がれている物語だ。私はこの話を、目標や方向性を探している人のために用いている。目標達成に柔軟に取り組むこと、問題を違う角度からとらえること、そして他の人のやり方を研究することを促すのに効果のある物語である。

質問

□あなた（またはあなたの知っている誰か）は、この話の兵士にどのように似ていますか？
□あなたの人生や仕事において「的」に相当するものは何ですか？
□あなたは矢を射ることを固く考えていませんか？
□あなたは目標達成を必要以上に難しいものにしていませんか？
□異なる見方をしたら、目標と矢はどのようにとらえられるでしょう？
□あなたは目標をどのように変えることができますか？

●第8の物語●　クマのプーさん、コブタと猟に行く

ある冬の晴れた日、家の前で雪かきをしていたコブタがふっと顔を上げると、そこにクマのプーさんがいました。プーは何かほかのことを考えながら、ぐるぐると歩いていました。コブタが声をかけても、歩くのをやめません。

「やあ！」コブタが言いました。「何してるんだい？」

「猟だよ」プーが答えました。

「猟って、何をするの？」

「何かを追跡しているんだ」プーはとても意味ありげに言います。

「何を追跡しているの？」コブタは聞きながら近寄ってきました。

「僕もそのことを考えていたんだよ。何を追跡しているんだろうって」

「それで答えは？」

「追いついてみないとわからないよ。ほら、そこを見てごらん」プーは目の前の地面を指差しました。「何が見える？」

「足跡だ。動物の足跡だ」コブタは興奮して金切り声をあげました。「ねえ、プー。これって、モ、モ、モモンガだと思う？」

「かもしれないね」プーは言いました。「そうかもしれないし、そうでないかもしれない。足跡だけじゃ何ともいえないよ」

　プーはこう短く答えると、なおも追跡を続けました。コブタは一、二分ほどプーの姿を目で追っていたのですが、はたとプーのほうに駆け寄りました。プーが突然立ち止まり、戸惑った様子で足跡の上にかがみこんだからです。

「どうしたの？」コブタは聞きました。

「とっても奇妙なんだけど――」プーが答えました。「動物が二匹になったみたいなんだ。この正体不明の動物に、別の正体不明の動物が加わって、二匹がいっしょになって歩いてるんだ。コブタくん、僕といっしょに来てくれないか？　これが敵意のある動物だってことも考えられるから」

　コブタはちょっと格好をつけて耳をかき「本当にモモンガかもしれないし、金曜日までは何もすることがないから喜んでお付き合いするよ」と答えました。

「モモンガじゃなくって、モモンガたちだろ」とプーが言うと、コブタはともかく金曜までは何もすることがないんだと言いました。そこで、二人はいっしょに出かけました。

そこにはちょうどカラマツの木立があって、モモンガ二匹は（モモンガだったらの話ですが）この木立をぐるっと回っていったようです。そこでプーとコブタもそれらの後を追ってこの木立をぐるりと回りました。

突然プーが立ち止まり、興奮した様子で目の前を指差しました。

「見て！」

「なに？」コブタは飛び上がって言いました。それから驚いたのではないことを示すため、体操でもやってるようにもう一、二度飛びました。

「足跡だよ！」プーは言いました。「二匹だったところに、三匹目が加わってるんだ」

「プー！」コブタは叫びました。「それもやっぱりモモンガだと思う？」

「ちがうね。だって足跡が違うもの。二匹のモモンガに、ミミンガかもしれないものが一匹、それともミミンガかもしれないものが二匹とモモンガが一匹。追跡を続けよう」

二人は追跡を続けましたが、前にいる三匹が敵意を持っているかもしれないと思うと、少し心配でした。そうこうするうち、またもプーが急に立ち止まりました。動物が四匹になっていたのです。プーは鼻の頭をなめて冷やしました。今まで経験したことがないほどの興奮で身体が火照っていたからです。

「コブタくん、わかるかい。足跡を見てごらん。モモンガらしきものが三匹、ミミンガらしきものが一匹。モモンガが一匹増えたんだ！」

たしかにプーの言うとおりのようでした。そのような足跡があったのです。あちこちで交差したりいっしょくたになったりしているものの、はっきり四組とわかる足跡がところどころに残っているのです。

「あのね――」コブタも自分の鼻の頭をなめてみて、ほとんど慰めにもならないことがわかったので、話を切り出しました。「あのね、ちょっと思い出したことがあるんだ。昨日やり忘れたことがあって、明日じゃ間に合わないってこと思い出したんだ。だから、本当に今から帰ってやらなくちゃだめだろうな」

「それ、今日のお昼からにしようよ。僕も手伝うからさ」プーが言いました。

「お昼からできるようなことじゃないんだ」コブタはあわてて言いました。「すごく特別な朝の仕事で、朝の間にしなくちゃならない。時間だってできれば――今は何時だと思う？」

「十二時ごろだろうな」プーは太陽を見て言いました。

「時間はできれば十二時から十二時五分の間がいいんだ。だから本当に申し訳ないんだけど――。あの音は何？」

プーは空を見上げました。それからもう一度口笛が聞こえたので、今度はカシの木の枝を見上げました。するとそこに、お友達がいるのが見えました。

「クリストファー・ロビンだ」プーは言いました。

「ああ、それじゃ君は大丈夫だ」コブタが言いました。「あの人といっしょなら、安全だよ。じゃあね」そう言うとコブタは、危険から脱出できたと大喜びしながら、一目散に家へと走りました。

クリストファー・ロビンは、ゆっくりと木から下りてきました。

「お馬鹿さん」クリストファー・ロビンが言いました。「いったい何してたんだい？　君は最初一人で木立の周りを二度回り、それからコブタが追いかけてきて二人でもう一周回り、そのあとさらに四周目を回ろうとしてたんだよ」

「ちょっと待って」プーは前足をあげてクリストファー・ロビンの話をさえぎると、腰を下ろし、考えられる限り深く考えました。それから、足跡の一つに自分の足を重ね、鼻を二度かくと立ち上がりました。

「わかったよ」プーは言いました。「僕は間抜けな勘違いをしてたんだ。僕はとっても頭の悪いクマなんだ」

「君は世界一のクマさんだよ」クリストファー・ロビンが言いました。

「僕が？」プーはそうかなと思うと、突然元気になりました。

「ともかく、もうお昼の時間だね」プーはこう言うと、お昼を食べに家に帰りました。

教訓

人生において、ぐるぐる回っているようなことはないだろうか？

多くの子供たちと同じく、私も『クマのプーさん』の物語を聞いて成長した。幼いころは、土曜日に叔母のケイトとプーさんを読むことが、家族の儀式になっていたのだ。なぜ、どんな経緯でそうなったのか思い出せたら嬉しいのだが――。おそらく私が読み、叔母さんは静かにうたた寝をしていたというのが本当のところだろう。

プーさんは自ら「頭の悪いクマ」と認めているが、『クマのプーさん』の物語は、シンプルな人生哲学で、私たちに多くのことを教えてくれる。

この物語から、失敗から学ぶこと、他人とともに学ぶこと、全体を俯瞰し目標設定することなどについて話し合うことができる。

質問

□あなたの人生や仕事において「モモンガ」つまり目標に当たるものは何ですか？
□あなたの人生や仕事において「カラマツの木立」に相当するものは何ですか？
□あなたはどれくらい長く猟をしてきましたか？　これからどれくらい続けるつもりですか？
□クリストファー・ロビンは木の上から状況を適確にとらえていました。あなたが、もっと適確に状況をとらえるために何ができるでしょう？

●第9の物語●

ゴルフ物語

数年前、私はゴルフのトーナメント大会で決勝戦に進出した。対戦相手は私よりハンデが少なかったので、彼との試合にはかなりの緊張を覚えた。けれども決勝戦に出ると決まったときから、私は心の準備をはじめ、試合の約三週間前には目標を決めた。それは勝つことだ。私はその目標を毎日紙に書き、自分が勝っている姿を思い描いた。とにかく自分自身を信じることにし「私は勝つのだ」と繰り返し言い聞かせた。試合の当日が訪れたときには、自信がみなぎり闘志が燃えていた。

決勝戦は三十六ホールの長丁場だ。長い一日になるだろう。勝つためには集中力の維持が必要だとわかっていた。しかしながら、あまりいいスタートを切れず、最初の二ホールで相手に差をつけられたとき、私はネガティブな独り言で、自分自身の失敗を責めていた。そこで私は何回か深呼吸をし、自分に言い聞かせた。

「しっかりしろよ、試合ははじまったばかりだ。今まで、いいプレーをしてきたじゃないか。お前が勝てないわけなんてないのだ」

ネガティブな考えを追い払い、打ち終わったショットのことを忘れるのが、私にとって何より大切だった。それらはもう過去なのだ。終わってしまったことをあれこれ分析しても意味がない。今の瞬間に思いを込め、目の前の一球を打つことだけに心を集中しなくてはならない。自信をもってプレーしたことにより、次の二ホールは勝ち続け、私は相手に追いついた。

その後の数ホールを互角に戦い、次の場所へと歩いているときだった。対戦相手が突然私のほうを向いてこう言った。

「僕はセブン・アンド・シックスのような大差じゃなけりゃ、別に負けても構わないと思ってる」

ゴルフを知らない人のために説明すると、セブン・アンド・シックスで負けるというのは、七ホール負けているのに残りが六ホールしかないということ、つまり、そこで試合終了なのだ。

彼が私の驚いた顔を見たかどうかはわからない。彼はなぜそんなことを言ったのだろう？　私たちはまだコースを四分の一しか回っておらず、あと二十七ホールも残っていた。試合はどちらに転んでもおかしくない状態だったのだ。

この言葉を聞いて私の気分はよくなった。彼は心の中ですでに負けていて、負けるということより大差で負けることの恥ずかしさを気にしていたのである。
試合は続き、私は自分にポジティブな言葉をかけ続け、一つ一つのショットに精神を集中した。そうしていると、相手のネガティブな独り言がひどくなってきたのにも気がついた。彼は、ツキの無さを、天候を、ボールをののしりはじめ、集中力が落ちていた。その結果、プレーもうまくいかなくなっていた。
試合は三十ホールで終了となった。ウイニングスコアはセブン・アンド・シックス、まさに私の相手が恐れていたスコアだった。勝利は嬉しかったが、自分の言葉で自らを敗北に追い込んだ対戦相手を、心から気の毒に思ったことも事実である。

教訓

失敗より成功にフォーカスするようにしよう。

これはあるコーチが、目標についてネガティブな考えを持ったらどうなるかを示唆するために、よく使っている物語だ。この物語を題材に、ポジティブな考え方をする意味や、問題を考えるより解決に力を注ぐことについて話し合ってみるとよいだろう。

質問

□あなたの人生や仕事はどんな点でゴルフの試合に似ていますか？
□あなたの目標はポジティブですか、それともネガティブですか？
□あなたは自分で自分を敗北に追い込んだことはありますか？
□あなたは問題そのものと解決することのどちらに心を注ぎますか？
□あなたは「今」にフォーカスしていますか？　それとも「過去」を考えるのに多くの時間を費やしていますか？

第10の物語

無知な泥棒

これは素晴らしく立派なコートを盗んだ大昔の泥棒の話である。そのコートは最高の素材ばかりが使われており、ボタンにいたっては金と銀でできていた。市場の商人にコートを売って帰ってきた泥棒に、親友はいくらで売ったのかと尋ねた。

「銀貨百枚だ」泥棒は答えた。

「あのすごいコートをたった銀貨百枚で手放したっていうのか?」友達が聞いた。

「百以上の数なんてあるのかい?」泥棒が聞き返した。

教訓

提供するものの価値を知り、それに見合うだけのものを要求できるようにしておこう。

目標をあまりに低く定めがちだったり、自分の提供するものの価値に無頓着だったりする人は少なくない。人は自分の価値を低めに設定しがちなものなのだ。自分の提供しているものの価値を知ることは、自尊心を高めることにもつながる。

この物語を題材に、現実的でかつチャレンジングな目標を設定し、そしてそれを首尾よく達成する方法を話し合うとよいだろう。

質問

□あなた（またはあなたの知っている誰か）は、どんな点でこの無知な泥棒に似ているでしょう？
□あなたが売る「素晴らしく立派なコート」に相当するものは何ですか？
□あなたはあなたが提供する製品やサービスの本当の価値を知っていますか？
□あなたは自分の提供するものの価値を何と比較することができますか？
□あなたは何らかの形で自分自身を過小評価していませんか？

第 2 章

問題解決

「どうやって達成するつもりなのか？」と質問する10の物語

Problem Solving

適切な問題解決のためには、まず問題をさまざまな角度から分析し、いろいろな解決策を試みることが重要だ。この章では、問題解決への努力をささえる希望と、自分自身の能力と可能性の正しい認識を促す物語を集めた。

【この章のテーマ】

- クリエイティブに水平思考する。
- 学習とコーチングで問題解決する。
- 経験を生かして問題解決する。
- クリエイティブな過程での失敗を認める。
- ネガティブな予測がもたらすネガティブな結果を知る。
- 個人の問題のとらえ方、対処法の多様性を知る。
- 建設的に問題解決する。
- フィードバックを受ける。
- 優先順位をつけプランニングする。
- 細部に注意を払う。
- 信念を持ち決断する。
- 問題を過大評価しない。

●第11の物語●
ゴルディアスの結び目

これはギリシャ神話の中の一話である。ミダスの父親でもあるフリギアの王ゴルディアスは「ゴルディアスの結び目」を解くことのできた者は誰であろうとアジアの支配者になると予言した。多くの者がこの難問に挑戦し結び目を解こうとしたが、成功した者は一人もいなかった。

アレクサンダー大王がフリギアを訪れたとき、彼もまたこの結び目を解こうと試みたが、やはり皆と同じくなかなか成功しなかった。我慢できなくなったアレクサンダーは、剣を取り出すと、その結び目を一刀のもとに両断した。

アレクサンダー大王は、ゴルディアスが期待した方法で結び目を解いたわけではなかった。そうではあっても、難問を解き、要求されていたことを行ったことには違いがない。アレクサンダーは予言どおりアジアの支配者となった。

教訓

結び目を解く方法は一つではない。

神話や伝説は元来、人々が世界を理解するために語られたものだ。それは今日に至ってもその目的を果たし続けている。おそらくゴルディアスは「枠にとらわれない自由な発想」へと導こうとした最初の人物だろう。そしてアレクサンダー大王はそれを実行した最初の人物だろう。

私は、リスクを冒しルールに挑戦することを促すときに、この話をする。この物語を使って、クリエイティブな水平思考の必要性や、ときにはルールに挑戦することの必要性を示すことができる。

質問

□あなたが解こうとしている「結び目」とは、どのような問題ですか?

□ルールを作ったのは誰ですか?　あなたはどんなルールに挑戦する必要があるでしょう?

□その問題を解決するためにどのような異なるアプローチが考えられるでしょう?

□あなたはその問題をどのように「リフレイム（＝枠組みを変え見方を変化させる）」しますか？

□結び目を解いたら、何を得られそうでしょう？

・第12の物語・

トラの教育

お母さんトラと赤ちゃんトラがジャングルへ狩りに出かけました。二匹は狩りを終えたあと、木の下で横になっていました。暖かな午後の日差しを浴びて、のんびりと眠りながら食べたものを消化していたのです。

赤ちゃんトラは突然、遠くからこちらに向かってやってくるハンターを発見しました。

「ママ、ママ、起きて！」赤ちゃんトラは叫びました。「ハンターが僕たちを捕まえにくるよ！」

「静かになさい、坊や」お母さんトラは言いました。

「でも、ママ」赤ちゃんトラは金切り声で叫びました。「あいつらはライフルを三丁持っているよ。コンピュータ制御の照準スコープや、暗闇でも見えるハイテク装置も持っている。僕たちは終わりだよ！」

「よく見ておぼえるんですよ」

お母さんトラはこう言うと、ハンターが背中を向けたとき、ゆっくりと静かに背後からしのびより、急に飛びかかりました。どうやってやればいいかを実践で示したわけです。

気の毒ですが、ハンターが生きてこの物語を語り伝えることはありませんでした。けれども赤ちゃんトラには忘れられないレッスンとなったのです。

教訓

テクノロジーは、非常に素晴らしいものだ。しかし優れた基礎教育に勝るものではない。


自分の能力を信頼せずに、テクノロジーに対しては過剰な信頼をよせている人が少なくない。これは、そういった点をわかりやすく示す、シンプルな「ローテク」の話だ。

この物語を題材に、問題解決・学習と指導・教育などのテーマについて話し合うとよいだろう。

質問

□あなたは仕事のために、どんなスキルを学ぶ必要がありますか？
□あなたは現在、仕事のスキルをどのように学んでいますか？　また、もっと好ましい学習スタイルはあるでしょうか？
□テクノロジーはどのようにあなたの役に立っていますか？　また、それはどんな面では役に立たないでしょうか？
□あなたの会社や組織において、あなたが学べる「お母さんトラ」は誰ですか？
□会社や組織以外で、あなたが学べる人は誰ですか？
□あなたは誰の知識、スキル、指導能力を見習いますか？

●第13の物語● 預言者は語る

一人の学者が聞いた。「語ること」について話してください。

預言者は答えて言った。

「あなたが語るのは、平和に思考することができなくなったときです。

そして、もはや心の孤独にとどまれなくなったとき、あなたは唇に生きることになるのです。

音声は気晴らし、そして娯楽。

あなたが多くを語っているとき、思考は半ば殺された状態です。

なぜなら、思考は空間に生きる鳥。言葉のかごの中では、翼を広げることはできても飛ぶことはできないのです。

あなたたちの中には、孤独を恐れ、話し好きの人間を探す人がいます。

孤独の沈黙は、彼ら自身の裸の姿を見せるので、彼らは逃げるのです。

また、知識も洞察力もないまま、自分自身も理解していない真理を語る人がいます。

自分自身の内に真理を持ちながら、それを言葉では語らない人もいます。

このような人の胸の中には、リズミカルに躍動する魂が、沈黙したまま宿っています。

道端や市場で友達に出会ったら、内なる魂にあなたの唇と舌を導かせなさい。

あなたの声の内部にある声に、友の耳の奥にある耳へと話をさせるのです。

そうすることで、友の魂に、あなたの心の真理がとどまります。

ちょうど、ぶどう酒の味わいが、その色を忘れ、入っていた壜がなくなったときにも、思い出されるように」

教訓

語る前に考えるほうが賢明である。

カリール・ジブランは、詩人、哲学者、画家として世界中に知られている。彼の著書『預言者』は、その言葉が今なおとても新鮮に感じられるので、一九二〇年代に書かれたことを思うと少し不思議な気がする。この詩は「語ること」が主題となっているが、ジブランは語るために語ることよりも、沈黙や思考のほうが大切であると強く訴えている。
この詩を用いて、あらゆるコミュニケーションの状況で、話すことと同様に思考と沈黙が大切であることを、話し合うことができる。

質問

□あなたは指導する者として、話をする以上に話を聞いていますか？
□あなた（またはあなたの知っている誰か）は、沈黙を怖がっていませんか？
□あなたはジブランが唱えるように、「平和に思考」していますか？
□あなた（またはあなたの知っている誰か）は、孤独への恐怖から話をしていませんか？
□あなたは、どのようにして「心から」話すことができますか？

・第14の物語・

エジソンと電球

アメリカの発明家トーマス・エジソンは、史上最もクリエイティブで知的な人物の一人だと考えられている。ところが伝記によると、エジソンは十二歳のときミシガンの小学校にたった三カ月通っただけで退学になったという。彼が知能的に劣っていると、教師たちが考えたからだ。後年、エジソンは「天才とは一パーセントのひらめきと、九十九パーセントの努力である」という言葉で有名になる。

この言葉は、電気を光に変える試みに取り組んだエジソンの姿を、そっくりそのまま表している。それは彼が行った数々の実験の中でも最も有名なものの一つだ。白熱電球を完成させるのに千回以上の失敗を繰り返したといわれている。

同僚や友達から「失敗するに決まっている。計画を断念した方がよい」と助言されると、エジソンは、揺るぎない自信と多少の驚きをもって答えた。
「どうしてだい、私は失敗などしていないよ。うまくいかないやり方を千種類も発見したんだ」
結局、エジソンの最も強力な武器となったのは、その際立った知性や創造性、そしてそれにひけをとらない、問題解決へのポジティブで粘り強い姿勢だったのだ。

教訓

失敗というものは存在しない。ただフィードバックがあるだけだ。

このエジソンの電球の話はご存じの方も多いだろう。さまざまに語り伝えられたこの話の細部には（おもにエジソンが電球の実験に失敗したとされる回数には）多少ばらつきがある。それは物語においては、「真実」が誇張されればされるほど、それはより心に残るものとなるからだろう。エジソンだって、人のためになるなら細部が間違って引用されるくらいのことは、気にとめなかっただろう。

この物語は、クリエイティブな水平思考の必要性、クリエイティブな過程に失敗は付き物だと考えることの必要性を示すのに利用できる。失敗すると思う気持ちが失敗を招くのだ。

質問

□あなたが今発明に取り組んでいる「電球」に当たるものは何ですか？
□問題を解決するために、どのような方法を試してみましたか？
□あなたがそのプロジェクトを続けていく動機は何でしょう？
□問題解決を試みる中での失敗を、あなたはどのようにとらえましたか？
□エジソンのように、それらの失敗はどのように「リフレイム」できるでしょう？
□失敗したと思って断念したのはどのようなプロジェクトですか？　また、もう一度やってみる気にはなりませんか？

・第15の物語・そんなこと簡単！

数年前ですが、私は仕事で長期の出張旅行をすることが続いていました。ホテルやあまり快適とはいえない待ち合わせ場所で、長く孤独な時間を過ごさなければならなかったのです。そのときの私には酒びたりになるか、再び編み物をはじめるかの選択肢がありました。

私も昔は、ちょっとしたお出かけにも着ていけるような物が編めたのです。けれども、もう長いことやっていなかったので、かつての自信もなくなっていました。そこで、昔の技術を思い出すべく、地元の手芸ショップに足を運びました。

店の中を見回した私は、壁にかかっている長袖のセーターに目を奪われました。色鮮やかな素晴らしい作品です。一面に縄模様や交差模様、そのほかの恐ろしく複雑な模様が使われていて、どのような編み方をしているのか想像すらできません。店の人が、編み物への意欲を刺激しようと置いているものだとわかります。「私たちがお手伝いすれば、あなただってこんなものが作れるんですよ」というメッセージの代わりです。

一人の店員が私に近づいてきました。

「何をお探しですか?」

彼女は五十歳くらいで、落ち着いて自信のある雰囲気でした。「私にはあなたにできないことができるのよ」といった様子で、にやにやと自己満足の笑みを浮かべているタイプといったらいいでしょうか。

「編み物をしなくなって、長いことになるのですが――」私は、教会で懺悔をする人のような口調で話し始めました。「私にあれが編めるでしょうか?」

私たちは並んで壁にかけられた素晴らしい作品を見つめました。私は驚きと畏敬の念で、そして彼女はプライドと優越感を持って。

「もちろんですよ」彼女は気取った感じで答えました。「簡単ですもの!」

彼女の言葉に自信を得て私の心は決まりました。そして彼女がアドバイザーとなって、そのセーターを作るのに必要だと勧められるものを買ったのです。毛糸・針・かぎホック・糸・留め針・編み図・ひも・段数計、そして鎮静剤を一瓶。既製のセーターを買う三倍の金額がかかりましたが、そんなことは気にしませんでした。私は「やる気モード」に入っていたのです。

私は、それら一揃えの品をはやる気持ちで持ち帰ると、さっそく編みはじめました。そして実際、最初の数センチはすいすいと進みました。そこで「模様」に突き当たったのです。

大混乱という言葉を使ったとしても、大げさではないでしょう。針が、毛糸が、編み目が、裏に回ったり、表に上がったり、あっちこっちへ進んでまた元の場所へ戻ったりと動き回るのです。編み図に書いてある、細かな編み目記号を見ているだけで目がくらみました。

それは編み方を簡単な記号で示してあるだけで、わかりやすいものではないのです。編み物は、私が思っていたようなストレス発散にはならず、エネルギーを消耗するストレスの素となりました。たった一列編むのに百パーセントの集中力を持続することが必要なのですから。

たとえば私のアシスタントが電話してきたとします。

「IBMの会長が百万ドルの契約の件でお話ししたいとおっしゃっていますが(多少の誇張あり)」

それに対し私は答えます。

「うーん、この模様を編み上げるまで待つように言ってくれない？　でないと、どこまで編んだかわからなくなっちゃうから」

この拷問のような作業を何ヵ月も続けた後、私はやっとこの新しい趣味が、まったく私のためにならないとあきらめて、もっと健康や幸福に害の少ない心休まる趣味を探そうという気になったのです。

セーターはどうなったかですって？　ええ、最終的には仕上げました。それが主義ですから。でも仕上がった時には、約三年の流行遅れになっていました。その後すぐに編み物はやめました。ところで来週はじめて、アルコール中毒治療の会に出席することになっているんです。

教訓

それは本当に「簡単」なのか、それともあなたがそう思っているだけなのか？

時々、上司が指導する部下に「ああ、そんなこと簡単だ！　子どもだってできる」といった言葉をかけているのを耳にするが、これは危険な言葉だ。誰の基準で「簡単」なのだろうか？　あなたの基準で簡単なのか、それとも私の基準で簡単なはずなのか？　もし言われたように簡単だと思えなかったらどうなるのだろう？

この物語から、問題のとらえ方や対処法が人さまざまであること、建設的に問題解決する方法、適切なフィードバックの方法、ポジティブな指導方法などについて考えよう。

質問

□あなたの人生や仕事において「編み物」に当たるものは何ですか?
□あなたが簡単だと思わなかったことを、誰かに「簡単だよ」と言われたことはありますか?
□そう言われてどのように感じましたか?
□あなたは指導している人に、ある仕事を簡単だと言ったことがありますか? その言葉はどんな影響を及ぼしましたか?
□どうすれば、学ぶ側の視点からものを見ることがもっとできるようになるでしょうか?
□他にどのような励ましの言葉を用いることができるでしょう?

第16の物語

パンドラの箱

最初に創られた人間の女性はパンドラと名づけられました。パンドラはゼウスによって天上で創られ、彼女を完璧なものとするために、すべての神々がそれぞれ何かを贈りました。たとえばアフロディテは美を、ヘルメスは説得力を、アポロンは音楽を。このようにさまざまなものを授けられて、パンドラは地上に送られ、妻としてエピメテウスに与えられました。エピメテウスは喜んでパンドラを受け取りましたが、彼の兄はゼウスからの贈り物には用心するようにと注意しました。

エピメテウスの家には一つの箱があり、この中にはさまざまな災いが閉じ込めてありました。パンドラはその箱の中に何が入っているのか知りたくてたまらなくなり、ついにある日ふたをとって中をのぞきました。するとたちまち、痛風やリューマチ、腹痛といった体の苦しみや、妬み、恨み、復讐心といった心の不幸など、たくさんの災いが逃げ出し、広く遠く世界中に散らばってしまいました。パンドラはあわててふたを閉めましたが、箱の中のものはもうすっかり逃げた後でした。ところが箱の底にただ一つ残っているものがありました。それが希望だったのです。

だから今日、どのような災いが世の中に広まっていようとも、希望が私たちのもとから完全に去ってしまうことはないのです。そして希望を持っているかぎり、どんな不幸も私たちを完全に打ちのめすことはできないのです。

教訓

箱を開ける前にもう一度考えよう。

ギリシャ神話に源を発する格言や決まり文句は驚くほどたくさんある。それらはもともと、命や生と死の謎を説明し、私たちが清く正しい生活を送るためのガイドラインを示すことを目的としていた。パンドラの箱の物語は恐らく最も有名なものの一つだろう。

この物語は、手に負えない問題に取り組んでいる人を、あきらめないように励まし、すべての努力の先に希望があることを思い出させることができる。

質問

□あなた（またはあなたの知っている誰か）が開けた「箱」に当たるものは何ですか？
□その中に入っている「災い」とは、どのようなものですか？
□あなたはどのようにして再び箱を閉めますか？　それとも、それはまったく開けないでおくほうがよいでしょうか？
□好奇心を抑えたほうがいいのは、どのような状況でしょう？
□あなたにとって「希望」とは何ですか？
□その箱の中身に対処するとき、希望を持つことにはどのような意味がありますか？

●第17の物語●

悪魔の道具箱

昔々の話です。悪魔が商売道具をすべて売りに出すことに決めました。そしてそれを通りすがりの人によく見えるように、きれいにガラスケースの中に並べたのです。それはなかなかの見ものでした。きらめく嫉妬の短剣、その横には重々しい怒りのハンマー、別の棚には欲望の弓と、肉欲と妬みの毒矢が並べて置かれています。その隣にあるのは、恐怖と見栄、そして憎しみの凶器です。一つ一つに名前と値段が張られて、丁寧に陳列されていました。

それらからかなり離れたところに、それだけで一つの棚をとっている、小さくて目立たない、どちらかといえば使い古されて傷んだ感じの木のくさびがありました。そのラベルには「失望」と書かれています。驚いたことに、この道具の値段は、他のすべてを足したものよりも高かったのです。

その理由を聞かれた悪魔は答えました。

「これは俺様の持っている武器の中で、他のものが全部だめな場合にも、ただ一つ頼りにできるものだ。それで、こんなに高い値をつけたのだ」悪魔はいとおしむように小さな木片をさすりました。

「このくさびを人間の心に打ち込みさえすればいい。そうすれば、それが他のものすべてが入る扉を開けてくれる」

悪魔はにやりとしました。

「失望ほど致命的なものはないのさ」

教訓

失望のもつ破壊的なパワーに用心しよう。

この物語は、誰が作ったものかはわからない。けれども非常に説得力のある物語なので、この本に収める価値があると考えた。この物語は、課題に取り組む人を励まし、失望しないよう用心させるために使うことができる。「パンドラの箱」の物語といっしょにこの物語を使うのもよいだろう。

質問

□あなたの人生や仕事において「悪魔の道具」に当たるものは何ですか？
□あなたの身近に、失望にとらわれた人はいますか？　それはどんな影響を及ぼしましたか？
□失望が根を下ろすのを、どのようにして防ぎますか？
□あなたに励ましを与えるのは誰、もしくは何ですか？

・第18の物語・

不思議の国のアリスとクロッケー場

アリスはこんなクロッケー場なんて見たことがないと思いました。そこらじゅう溝だらけなのです。ボールは生きたハリネズミ、ボールを打つクラブは生きたフラミンゴ。そしてなんと兵隊たちが体を折り曲げ両手両足を地面につけて、ボールを打ち込むアーチを作っているのです。

アリスが最初いちばん難しいと思ったのは、フラミンゴの扱い方でした。フラミンゴの両足をたらしたまま、その体をわきの下にしっかりと抱きかかえるところまではうまくいくのです。けれどもフラミンゴの首をまっすぐに伸ばして、その頭でハリネズミを打とうとすると、フラミンゴはくるりと首を曲げ、なんとも困ったような表情でアリスを見るので、アリスは吹き出さずにはいられませんでした。アリスがフラミンゴの頭を下げ、もう一度打とうとすると、今度はハリネズミが丸めていた体を伸ばし、どこかへ行こうと歩き出していて、実に腹立たしいのです。そのうえアリスがどこにハリネズミを打とうとしても、たいてい途中にうねや溝があるし、体を折り曲げている兵隊が始終立ち上がってはグラウンドの他の場所へ歩いていってしまいます。アリスは、これはとても難しいゲームであるとすぐに理解しました。

教訓

変化の多面性と複雑さを見くびってはいけない。

私は、変化の途上にある企業を目撃すると『不思議の国のアリス』の中のこのお話を思い出す。何もかもが一度に起こっているようで、ルールなどないように見える。誰も、誰が勝者なのかよくわかっていない感じ。アリスの言葉どおり「本当にとても難しいゲーム」なのだ。

この物語を題材に、変化をコントロールする、変化とともに生じる問題に対処するといった課題について話し合ってみよう。

質問

□現在あなた（またはあなたの知っている誰か）は、どのような変化を経験していますか？

□その変化によって何が変わりますか？　その変化全体をどのようにコントロールしますか？

□あなたはどの方向を目指していますか？

□その状況にもっとも似ているのはどんな「ゲーム」ですか？　サッカーですか、それともテニス、またはゴルフですか？

□そのゲームのルールは何ですか？

□あなたはそのゲームのプレースタイルをどうやって身につけますか？

●第19の物語● 小さな落とし穴

一九九九年十二月三十一日、世界は息をのんで待っていた。病院スタッフ、航空交通管制官、コンピュータ・プログラマー、そして金融機関の人にとっては、その日は特別な日であった。もちろん誰もが、二〇〇〇年問題が何の影響も及ぼさないと、自信たっぷりに笑い飛ばしていた。コンピュータは作動し続け、零時に大西洋上を飛んでいる飛行機は、零時一分にも飛び続けていることを誰もが知っていた。しかし、それを確かめるために高度九千メートルの上空に行ってみたいと思う者はいなかった。

イギリスのほとんどの国立銀行が、次の世紀へのスムーズな移行のための調査やプランニング、コンサルティングの費用として、一九九九年の一年間に数千ポンドを、場合によっては数百万ポンドを使っていた。私がイギリス北部のヨーク市で利用していた銀行も例外ではなかった。

二〇〇〇年一月三日の仕事始めの日、ヨーク支店の支店長はほっとした様子で机に向かっていた。休暇の間に問題は起きなかったようだ。爆発したものも、壊れたものもなかったし、勝手に作動しはじめたものもなかった。

支店長はリラックスして、その日の郵便物を開けていった。普通の手紙だけでなく、メモやサインの必要な書類もいっしょに積まれていた。突然、支店長は何かがおかしいと気づいた。読んでいた証書の下部を見ると、隅のほうに本部長代理が押した受領確認のスタンプが見える。

「一九〇〇年一月三日受領」

百万ポンドの二〇〇〇年問題対応プロジェクトには、ゴム印の日付合わせまでは含まれていなかったようだ。

教訓

大きな問題ばかりを気にして、小さな問題につまずいてはいけない。

課題に取り組むとき、その課題の全体像にフォーカスして大きなスケールで問題解決に取り組むあまり、放っておけば大問題になる小さな問題を見落とすことがある。私の取引銀行の支店長が語ってくれたこの実話が、そうしたものの見方の危険性を示している。
この物語を題材に、問題の大きさと性質、プランニングと優先順位の決定、細部への注意などのテーマについて話し合ってみよう。

質問

□あなた（またはあなたの知っている誰か）は、現在どのような課題に直面していますか？
□大きな課題は何ですか？　小さな課題は何ですか？
□先にどの課題に取り組む必要がありますか？
□後に回せるのはどの課題ですか？　人に任せることができるのはどの課題ですか？
□どの課題が、放っておけば大きな問題になりそうですか？

●第20の物語●

ダビデとゴリアト

　ダビデの家族は、エルサレムの南にあるベツレヘムに住んでいた。ダビデは八人兄弟の末っ子だった。三人の兄はサウル王の軍に入り家を離れていたが、ダビデはベツレヘム近郊の野原で父親の羊の世話をしていた。ダビデは仕事熱心な羊飼いで、羊たちを危害から守るためには、どんなことでもした。ときには野生の肉食獣が子羊を盗みにきたが、強くて恐れを知らないダビデは、子羊を救うため肉食獣を相手に戦い、それを倒した。

　ダビデの母国イスラエルは、ペリシテ人との戦いの中にあった。ペリシテ軍にはたくさんの巨人がいたが、その中でも一番背が高く強いのはゴリアトだった。ゴリアトは三メートルもの長身で、サウル王の兵士は皆、恐怖に震え上がっていた。二つの軍隊が向かい合ったならば、それぞれから兵士を一人出し、一対一で戦わせるのが当時の習慣だった。そしてゴリアトはすでにサウル王の選り抜きの兵士を何人も血祭りに上げていた。

ダビデは父親の言いつけで、毎日戦場の兄たちに食べ物と飲み物を届けに行き、戻ってから前線の様子を父親に報告していた。ある日ダビデがサウル王の野営地に着いたとき、谷の向こうからゴリアトがイスラエルの兵士に向かって叫んでいるのが聞こえた。ダビデが兄たちに、大声を出しているのは誰かと尋ねると、彼らはダビデにゴリアトのことを話して聞かせた。ダビデは神が守ってくれると信じていたので、サウル王の前に進み出て、ゴリアトと戦うことを志願した。

サウル王は笑って言った。

「ダビデ、お前はこの男と戦うことはできない。お前はまったく戦いの経験のない若者だ。それに比べゴリアトは、何年もの経験を積んだベテラン兵士なのだ」

ダビデは答えた。

「羊の番をしているとライオンやクマなどが子羊を襲いにきます。私はそれらを追いかけ殺しました。神は野生動物から私を守ってくださったのです。このペリシテ人の手からも守ってくださるでしょう」

サウル王は、この若者の勇気に感心して言った。

「よかろう。だがせめて、生き延びられるよう鎧をつかわそう」

王はダビデに、重い鉄の鎧とヘルメットをあてがい、大きな剣と盾を持たせた。けれども戦闘服を着るのになれていなかったダビデは、動きにくく感じたので、心遣いに対する礼を述べてから王に言った。

「ゴリアトと戦うなら、私のやり方で戦わなくてはなりません。私をライオンや熊から守ってくださった神は、今度も私を守ってくださるはずです。私は神を信じています。他には何もいりません」

ダビデは鎧とヘルメットを脱ぎ、重い剣と盾を置くと、代わりに彼の木の杖と投石器を手に取り、地面から滑らかな丸い石を五つ拾って注意深く袋に入れた。

巨人ゴリアトはダビデを見ると、笑いながらこう言った。

「俺をばかにする気か！　杖と石だけで戦うとは。俺は犬ではないぞ！」

ダビデは答えた。

「あなたには剣と槍が必要かもしれません。けれども私には信念があります。それははるかに強力な武器なのです」

ダビデは丸石の一つを投石器に当て、手を引いて石を飛ばした。石はゴリアトの額のど真ん中に命中し、ゴリアトは地響きを立てて前に倒れた。ダビデは倒れたゴリアトに走り寄ると、剣を奪い取って首を切り落とした。

ゴリアトの最期を目にした残りのペリシテ軍兵士は一目散に逃げ出したが、ダビデの勇気に勢いづいたサウル王の兵士たちがすぐに後を追い、戦いはイスラエル軍の勝利に終わった。

教訓

勇気と信念は剣と盾よりはるかに強力であり得る。

聖書は教訓物語の宝庫だ。その中でもダビデとゴリアトの物語は最も有名なものの一つである。この話は勇気と信念が逆境を克服することに気づかせてくれる。

この物語を題材に、シンプルで効果的な方法で問題に対処すること、信念と決意を持つこと、問題を対処できるサイズにすることについて考えてみよう。

質問

□あなた（またはあなたの知っている誰か）が直面している「巨人」は誰、もしくは何ですか？
□あなたは問題を実際より大きく考えていませんか？
□あなたにとって「鎧」、つまり余分なものは何でしょう？

□ダビデが武器として用いた五つの丸い石は何を表しているでしょう?
□あなたはダビデが持っていた信念を、どこで見つけることができるでしょう?
□その信念は、あなたが恐れることなく問題に取り組むことに、どのように役立つでしょう?
□巨人を殺したら、何が得られそうですか?

第 3 章

リフレイミングとクリエイティビティ

「別の見方をしてみよう」と伝える10の物語

Reframing and Creativity

物語は広い意味でメタファーと言える。メタファーは物事を異なる視点から捉えるための素晴らしい方法だ。この章では、考え方の変化を促すメタファーとしての物語を集めている。

【この章のテーマ】

●柔軟にクリエイティブに思考する。
●状況を違う角度からとらえる。
●課題を別の角度からリフレイムする。
●目標に対する自分の姿勢をリフレイムする。
●他の人の知識や情報を評価する。
●唯一の方法で人を矯正しようとしない。
●現実的な考え方をする。
●現実的で有効な解決方法をとる。
●創造的に変化を管理する。
●パラダイムを変更する。

・第21の物語・

グランドキャニオン物語

私の祖父は、変わり者として、またゆるぎない信念を持つ頑固者として有名だった。祖父にはユーモアのセンスもまったくなかった。だから、この物語は私たち家族にとっては笑い事ではない。

それは一九三〇年代の終わり、祖父が祖母とグランドキャニオンへ旅行したときの話である。二人が到着したちょうどその日、グランドキャニオンは霧におおわれていた。祖父は翌朝まで待ったが、霧は晴れない。我慢ということのできない祖父は、それ以上待てなくなり、祖母に出発すると告げると、二人で電車に乗ってカリフォルニアに向かった。

祖父は、その後何年たっても「グランドキャニオンは看板倒れのとんでもない観光地だ」と人に言っていた。自分はグランドキャニオンへ行きそれを見たが、そこには何もなかったのだと。

私たちはグランドキャニオンの写真を見せようとしたが、祖父はそれを手で押しやって言った。

「お断りだ！　それも罠のうちだよ。そういう写真を見せられて行ってみると、そこは写真とはまったく違うんだ」

この人を説得するのはしょせん無理だったのだ。それで私たちはあきらめてグランドキャニオンの話題を避けるようになった。

その後祖母が亡くなり、祖父は再婚した。どうやったのか私にはわからないが、この新しい祖母は、何らかの方法で祖父をもう一度グランドキャニオンに行かせることに成功した。今回は素晴らしい天気で、息をのむ壮大な光景に祖父は心から感動した。祖父は土産物屋でグランドキャニオンの絵葉書を買い、私の両親への言葉を添えた。

「ナンシーとポールへ　グランドキャニオンは大いなる変貌をとげていた」

教訓

美しい光景であるかもしれないものを、あなた自身の頑固さによって曇らせてはいけない。

物語には、可能な限りユーモアを盛り込むといい。ユーモアは物語を聞き手と結びつける糊のようなものなのだ。

この物語は、自分の考えを常に問い直し、柔軟でいることの必要性を示している。これを題材に柔軟でクリエイティブな考え方、異なる視点をとること、問題をリフレイミングすることの大切さを考えてみよう。

質問

- □あなた（またはあなたの知っている誰か）は、どのような点でこの物語の祖父に似ているでしょう？
- □あなたの考え方は柔軟性に欠けるところはありませんか？　それはどのような点でしょうか？
- □どうすれば別の見方ができるでしょう？
- □あなたには、もう一度訪ねるべき人や場所はありますか？
- □あなたには、もっと肯定的に見るべき人やものはありますか？
- □どのような方法で「霧」を晴らすことができるでしょう？
- □あなたはオープンな気持ちで人の意見を聞いていますか？

●第22の物語●

すっぱいブドウ

　お腹をすかせたキツネが食べ物を探しながら田舎道を歩いていました。ふと見ると道ばたのブドウの木に、りっぱなブドウの実がたわわに実っています。

「美味しそうなブドウだな」腹ペコのキツネはつぶやきました。「だけどすごく高いところにある。どうすれば手が届くだろう？」

　キツネは頭の上のブドウをじっと見ながら、木の下で行ったり来たりを繰り返しました。みずみずしく美しい黒ブドウが、キツネをじらすように揺れています。見れば見るほどよだれが出てきました。

　キツネはまず、飛び上がってブドウにかじりつこうとしました。けれどもまったく届きません。次には、木に登って採ることを試みました。けれどもキツネの手では木にぶら下がることができず、地面に落ちてしまいました。

何をしても無駄でした。キツネがどんなに頑張っても、ブドウには届かないのです。やがてキツネは歩き出し、肩をすくめてつぶやきました。

「頑張るだけの価値はないよ。あのブドウはすっぱそうだもん」

教訓

失敗しても、いつでも合理化できる。

イソップの『すっぱいブドウ』はとても有名な寓話だ。「すっぱいブドウ（=sour grapes）」という言葉は「負け惜しみ」という意味で英語ではよく使われる表現である。「負け惜しみ」という言葉から、この寓話を思い出してみると、実にたくさんのメッセージを受け止めることができるだろう。

この物語を使って、現実的な目標を達成する、目標に対する姿勢をリフレイミングする、クリエイティブに考える、といったことを話し合うことができる。

質問

□あなた（またはあなたの知っている誰か）は、キツネにどのような点で似ていますか？
□あなたの人生や仕事において「ブドウ」に象徴されるものは何ですか？
□そのブドウを手に入れることがなぜ大切なのでしょう？
□それらはなぜそんなに遠くにあるのでしょう？
□あなたは今までに、どのような方法でそれらを取ろうとしましたか？　他にどのような方法でトライできるでしょう？
□ブドウ以外に目指せる他の目標はありませんか？
□達成不可能な目標を「すっぱい」と考えることは、どのような点であなたに役立ちますか？

・第23の物語・

眼鏡をつくる

視力が落ちてきたある男が、眼鏡屋をやっている友人に会いに行った。その友人は男にさまざまな検査を受けさせた。視力検査表の字をまず片方の目で読んで、次にもう片方の目で読んで、それから遠くを見つめる。検査を終えると友人は結果を伝えた。

「お気の毒だが、近視に間違いない。でもすぐに眼鏡をつくってあげるから、心配することはないよ。そうだ、こうしよう」

友達は自分の眼鏡をはずしながら言った。

「普通はこんなことはしないんだが、なんといっても君は友達だし、忙しい人だ。僕の眼鏡をもっていけばいい。僕が今までにかけていた中で最高の眼鏡だ」

男はやや驚いたが、好意を無にしたと思われたくなかったので、差し出された眼鏡をかけ、目の前にある視力検査表をもう一度見た。

「だけど、これはだめだよ」男は言った。「何もかもかすんで見える」

「えっ、そんなはずはない」眼鏡屋は言った。「僕はそれを五年間かけていたが、とてもよく見えたよ。もう一度見てごらん。もっと一生懸命に」

「一生懸命見ているよ」男は腹立たしげに言った。「でも、よけい見えなくなるだけだ。何一つはっきり見えない」

「じゃあ、何か君に問題があるんだ」眼鏡屋はむっとした様子で結論を下した。「僕はその眼鏡でまったく問題なかったんだから」

男は立ち上がり眼鏡を返した。

「悪いけれど、他の眼鏡屋を探すことにするよ」これだけ言うと、男は部屋から出て行った。

「なんだよ！　恩知らずなやつだ」眼鏡屋は、去り行く男を窓から見ながらそう言った。

教訓

眼鏡があなたに合っているからといって、それが他の人にも合うというわけではない。

この物語は『7つの習慣』の著者スティーブン・コヴィーの作品をふくらませたものだ。この話は、問題が何かを正しく理解する前に、結論を出そうとすることの危険を示唆している。

これは「私に効果があったから、あなたにも効果があるはず」といった指導をしがちな人への警告でもある。本当に相手の役に立ちたいと思うなら、自分自身から相手の世界に身をおく必要がある。まず理解し、それから理解してほしいとリクエストするのが適切な順序だ。

この物語をテーマに、他の人のやり方を認めること、自分の知る唯一の方法で人を「矯正」しようとしないこと、問題に対する姿勢をリフレイミングすること、クリエイティブに考えることなどについて話し合うことができる。

質問

□あなたは物語の中の人物とどのように関連していますか？
□あなたの人生や仕事で「眼鏡」に象徴されるものは何ですか？
□あなたは、他の人の問題を理解していることをどう示しますか？
□あなた（またはあなたの知っている人）は、誰かを「矯正」したことがありますか？
□どうすれば、もっと柔軟なものの見方ができるでしょう？

●第24の物語● ウサギとタール人形

ウサギはキツネの敵でした。ウサギが自分の賢さを自慢して威張りちらしているので、キツネは苦々しく思っていました。それで、このうぬぼれウサギが二度と忘れられないほど懲らしめてやることに決めたのです。

キツネは、黒いタールと松ヤニを手に入れて混ぜ合わせました。そして、それをこねて奇妙な小さな人形を作りました。キツネはその人形に小さなドレスを着せ、頭には大きな麦わら帽子をかぶせました。

すると人形は、色黒のかわいい少女に見えました。

作品の出来に満足したキツネは、それを道の真ん中へ置きました。もうすぐそこをウサギが通ることを知っていたからです。

案の定、しばらくすると生意気なウサギがぴょんぴょんと跳ねながらやって来ました。ウサギはタール人形を見ると立ち止まり、頭をかきました。

「おやおや、これはいったい何だろう？」ウサギは独り言をつぶやきました。何しろしつけのよいウサギですから、まずは帽子を上げて挨拶しました。「おはよう、お嬢さん」

当然ながら、タール人形は何も答えません。

「いいお天気ですねえ」ウサギは言葉を続け、ほんの少し近寄りました。それでも返事はありません。

「この季節にしてはいいほうですよ」ウサギはさっきより大きな声で話しかけ、もっとタール人形に近づきました。

近くの茂みに隠れて成り行きを見ていたキツネは、吹き出しそうになるのを我慢していました。ウサギがもう我慢の限界に近づいているのがよくわかったからです。

「どうしたっていうんだ！　耳が聞こえないのか？」ウサギはタール人形の耳元で叫びました。

「耳が聞こえないのかって聞いているんだ」ウサギは人形に真正面から向き合って言いました。

やはり返事がなかったので、ウサギは言いました。

「お高くとまってるっていうのはお前さんのことだ。お前にマナーってものを教えてやろうか。今すぐ『こんにちは』って言わないと、その鼻に一発お見舞いするぞ」

近くの茂みからずっと見ていたキツネは、笑うのを我慢しすぎて横腹が痛くなっていました。

「わかったよ。そんなに殴ってほしいんだな」ウサギはこぶしを振り回し、バシッと人形の頭の片側を殴りました。するとたちまち手が人形にくっついてしまいました。どんなに頑張っても離れません。

「放さないなら、もう片側の頭も殴ってやる」やはり返事がありません。

「そうか、もう一発殴られたいんだな」ウサギは人形の頭のもう片方を殴りました。すると、もう片側の手も、最初の手と同じようにくっついてしまいました。

「放せ!」ウサギはわめきながら、人形を蹴りました。だけど結局、両足ともくっついてしまったことに気づくのに時間はかかりませんでした。

キツネは我慢しきれなくなり、隠れ場所から出てきました。

「こんちは、ウサギくん」キツネは言いました。「君はなんだか今朝は『お高くとまってる』ようだね」キツネは涙が出るほど笑いました。

「今回は君を完全につかまえたよ」キツネは続けました。「僕たちキツネなんてたいして賢くもありませんからね。おいしいウサギシチューをつくるための焚き火をおこしてくるから、君はそれまでじっと待っていればいいよ」

老獪なキツネよりはるかに利口なウサギは、持てる限りのずる賢さを発揮し、とてもおびえて動揺しているふりをしました。

「そうだね、賢いほうが勝ったんだと思うよ」ウサギは言いました。「それで、もし僕が、こ、こ、殺されるなら、丘のキイチゴ畑に投げられるよりは、鍋の中で煮込まれて死ぬほうがいいよ」ウサギはこう話しながら、その畑がどこにあるかを示すため、首を後ろにねじりました。

歩きはじめていたキツネは立ち止まりました。思いがけない言葉だったからです。昔からの敵に、できる限りの苦しみを与えてやりたいと思っていたキツネは言いました。

「わざわざ火をおこすこともないな。首吊りにしてもいいかもしれない」

ウサギはこれを聞くと、さらにずる賢さを発揮して、泣いているふりをしながら言いました。「キツネくん、君の好きなだけ高いところに吊るしてくれていいよ。だけど、どうかお願いだから、丘のキイチゴ畑に僕を投げることだけはしないでおくれ」

「吊るすロープがないや」キツネはまたも、敵の反応にがっかりして言いました。「そうだ、おぼれさせてやろう」

そこでウサギは、もてる限りのずる賢さを発揮して言いました。

「好きなだけ深く沈めて僕をおぼれさせればいいよ。だけど、どうかお願いだから、丘のキイチゴ畑に僕を投げることだけはしないでおくれ」

できるだけこのウサギを苦しめたかったキツネは、僕ってなんて頭がいいんだろうと思いながら、ウサギをタール人形から引きはなし、頭の上で一回、二回、三回と振り回してから力いっぱい丘のキイチゴ畑にウサギを投げ入れました。

キツネは大満足で、苦しみにうめくウサギの声が聞こえてくるのを待っていました。ところが、あたりはひっそりとしています。しばらくしてキツネが、ウサギは本当に死んでしまったんだ、うまくいったぞと思ったそのとき、遠くのほうから声がしました。見上げると、ウサギが手を振り、丘の向こう側からキツネに呼びかけているではありませんか。

「キツネくん」ウサギは叫びました。「タール人形から離してくれてありがとう。キイチゴ畑に投げてくれてありがとう。ところで君に言ったことがなかったかなあ。僕はあのキイチゴ畑で生まれ育ったんだよ！」

教訓

あまりに異議を唱える人には用心しよう。

アメリカ南部の綿花プランテーションで働く黒人奴隷だったと伝えられるアンクル・リーマスは、一日の仕事が終わった後、子どもたちに、人間のように振舞うウサギやキツネ、オオカミやカメの話を語ったと伝えられている。イソップ物語とよく似たウサギの物語は、最初は短い寓話だった。それを一八〇〇年代の後期に新聞記者ジョエル・チャンドラー・ハリスが手を入れ紹介し世に広く知られることとなった。

この物語は私の大好きなものの一つだ。あることを望まないふりをすることによって相手がそうするように仕向ける「逆心理」のテクニックの好例といえる。

この昔話は、問題を「リフレイム」する、物事には多くの見方があることの理解を促すといった使い方をするとよいだろう。

質問

□あなた（またはあなたの知っている誰か）は、キツネのような人物に、どのように対処していますか？
□その人物に対処するため、どんなクリエイティブな作戦を用いることができるでしょう？
□あなたが現在逃れられなくなっているのは、どんな問題ですか？
□あなたにとって「キイチゴ畑」つまり「安全な避難所」に当たるものは何ですか？
□あなたは、逆心理のテクニックをどのように使うことができるでしょう？

・第25の物語・ ネコと鈴

昔々、ある田舎の古くて大きなお屋敷に、ネズミの大家族が住んでいました。長い間、彼らは豊かな暮らしを楽しんでいました。台所に自由に出入りし、何でも食べることができたのです。ところがある日、事態が変わりました。ネズミの被害に我慢できなくなったお屋敷の主人が、ネコを連れてきたのです。ネコは、自分の存在価値を証明しようと、必死になってネズミを追いかけ回しました。上は屋根裏から下は地下室まで、家中を追いかけ回すのです。そして、かなりの数のネズミがつかまり食べられてしまいました。

ネズミのうちの一匹が、このひどい状況をなんとかしようと緊急会議を招集しました。彼らはとてもクリエイティブなネズミたちでした。ブレインストームでネコに死をもたらすためプランをたくさん考えました。たとえば、毒で殺す、銃で殺す、怖がらせて殺すなどの方法です。

やがてグループの中の一匹が、声を大にして意見を述べました。

「ネコに鈴をつけたらどうでしょう。そうすればネコがどこに行っても、鈴の音が聞こえます。僕たちには逃げて隠れるための時間ができるのです」

ネズミたちはみな素晴らしい名案だと思いました。よくやったと、このネズミの背中をたたき、素晴らしいアイデアだと誉めたたえました。この大喜びの真っ最中、隅っこでそれまでずっと静かにしていた、小さなネズミが立ち上がって手を挙げました。

「質問してもいいですか？」そのネズミはおどおどした様子で言いました。

「もちろん」リーダーのネズミが答えました。「なんでもどうぞ」

「あの、とってもいいアイデアだと僕も思います。しらけさせるつもりじゃないんです、でも――」ネズミは大きく息を吸い込みました。「いったい誰がネコに鈴をつけるんです？」

教訓

クリエイティブなアイデアは素晴らしいものだ。それが結論に至るまでしっかり考え抜かれたものであるならば。

この物語は、クリエイティブないわゆる「名案」に流される危険を理解するためにも有効だ。この話を題材に、現実的な目標を設定し達成すること、クリエイティブかつ現実的な考え方をすること、現実的な問題解決といったテーマについて考えよう。

質問

□あなた（またはあなたの知っている誰か）は、どんな点でネズミに似ていますか？
□「ネコ」に象徴される、あなたが対処しなければならないものは何ですか？
□あなたはどのような方法でクリエイティブなアイデアをつくっていますか？
□そのアイデアは現実的ですか？　それが現実的であることを誰が保証してくれますか？
□あなたのクリエイティブなアイデアに内在する危険は何ですか？
□「ネコ」に対処するのにもっと安全な別の方法はあるでしょうか？

・第26の物語・ 毛虫

二匹の毛虫がキャベツの葉の上でおしゃべりをしていました。

突然バタバタという大きな音が聞こえたので二匹が見上げると、美しい蝶が彼らの頭の上を飛んでいます。

一匹の毛虫がもう一方の毛虫を見て、首を振りながらこう言いました。

「僕らには絶対に、あんなまねはできっこないね」

教訓

あなたが蝶になるためには、毛虫であることをやめなければならない。

この物語は、最も短いものの一つだが、もっとも長く考えることのできる話でもある。これは、組織や個人の成長と変化を考えるのによい題材だ。変化を肯定的かつ創造的に、そして異なる角度からとらえることに役に立つだろう。

質問

□あなた（またはあなたの知っている誰か）は、どんな点でこの毛虫と似ていますか?
□あなたにとって、蝶に相当するものは何ですか?
□あなたは迫りくる変化に気づいていますか、それとも毛虫のように何も気づいていませんか?
□毛虫が蝶になるには何が必要ですか?
□変身をとげるため、あなたはどんな恐怖に対処する必要がありますか?
□あなたの人生はこれからどのように変わるでしょう?

・第27の物語・

針路変更

一隻の戦艦がひどい天候の中、作戦行動のため何日間も海に出ていた。艦長は、日に日に悪化する状況が心配で、すべてを見張れるようにブリッジにとどまっていた。

ある濃い霧の夜、日が暮れてすぐブリッジの見張りが叫んだ。

「艦長、明かりが見えます。右舷船首の方向です」

「停泊しているのか、それとも離れて行こうとしているのか？」艦長は尋ねた。

見張りはその船が停泊していることを確認した。それは戦艦がその船に向かって衝突進路にある危険な状態を意味していた。

艦長は通信兵に大声で言った。

「その船に信号を送るんだ。『本艦は衝突進路にある。二十度北に針路をとるよう勧告する』と」

するとその船から返信が来た。

「そちらが針路を二十度南に変えるように」

返事の傲慢さを不愉快に感じた艦長はこう命じた。

「送信しろ。『私は船長だ。針路を二十度北に変えなさい』と」

また返事が来た。

「私は二等航海士です。しかし、そちらが二十度南に針路を変更したほうがいい」

艦長はとうとう激怒して叫んだ。

「送信しろ。『こちらは戦艦だ。針路を二十度北に変更せよ』」

返事が来た。

「こちらは灯台です」

艦長は針路を変更した。

教訓

良識と成功への鍵は柔軟性である。

この話にはさまざまなバリエーションがある。状況を柔軟に受け入れることの大切さをわかりやすく伝える素晴らしい物語だ。

これを題材に、視点を変え思考の枠組みを見直すこと、柔軟性の必要性について考えてみよう。

質問

□あなたの人生や仕事において、灯台や戦艦に当たるものは何ですか？

□動かせないものは何ですか？　動かせるものは何ですか？

□どうすれば、状況を異なる視点からとらえることができるでしょう？

□あなたはもっと柔軟になる必要がありますか？　もしそうなら、どのように柔軟になりますか？

□あなた（またはあなたの知っている誰か）がよく考えずに針路をとるのは、どのような場合ですか？

□あなたにとって「霧」に当たるものは何ですか？　どうすれば霧を晴らすことができますか？

・第28の物語・ケーブルカー

サンフランシスコに住む友人に、ケーブルカーに乗ったことがあるかと聞いたら、彼は「一回だけ」と不可解な微笑みを浮かべてうなずきました。

私は二回サンフランシスコを訪れて、はじめてその理由がわかりました。おそらくケーブルカーは、今まで私が乗った中でも、もっとも危険で乗り心地の悪い乗り物の一つです。そしてジェットコースターや、ハンググライダー、急流くだりといった他の乗り物と同様、ケーブルカーはとてもエキサイティングな乗り物でもあるのです。

ご存じない方のために、少しご説明しましょう。ケーブルカーは、起伏の多いことで有名なサンフランシスコのあちこち、道路に設置された太い金属製のケーブルに牽引されて走っています。頭ではケーブルが切れることなどあり得ないと考えてみても、気持ちの上では確信を持てないのが人情というものです。

車内には二つの長い座席が平行に向かい合っています。運転手が一人正面を向いて運転し、車掌が一人、混み合う乗客を押し分けて切符を検札します。ケーブルカーは人気があり、乗客は文字通り両横にぶらさがっています。

はじめてこれに乗ったときのことは忘れられません。私の失敗は、高かったクリーム色のシルクのパンツスーツを履いていたことです。それは夕暮れどきで、私は友人たちとのディナーに向かうところでした。このときは、なぜかケーブルカーはガラガラでした。そのせいで角を曲がったり急な坂を上がったりするたびに、私は座席の端から端へと豪快に滑ったのです。座席をきれいにするにはよい方法ですが、シルクのパンツにとってはひどい災難でした。

余談が長くなりました。お話したかったのはもう一つの出来事です。私が仕事を終え観光客に交じって人気のある桟橋に行こうとしていたときのことです。

ケーブルカーは、すし詰めでした。そこへ家族連れが乗ってきました。両親と十代前半の男の子と女の子が一人ずつです。少年は典型的な手に負えない男の子らしく、ずっと母親をいらだたせながら窓から身を乗り出して写真を撮ったりしていました。ケーブルカーの乗車口のすぐ内側には、これを越すと危険という目印で、黄色い線が引かれています。運転手はこの少年にラインの内側に入るようにと何度も注意しましたが、少年は言うことを聞きません。彼に向けられるあらゆる要求に無関心という感じなのです。

次の停留所で、八歳か九歳くらいの子どもが二人乗ってきました。誰にも付き添われていませんでした。二人は反抗的な少年がほんの数分前まで立っていた黄色いラインの上に立っていて、ケーブルカーが角を曲がるときに振り落とされる危険がありました。

そのとき驚いたことに、先ほどの少年が前に歩み出て、小さな男の子たちを守るように彼らの肩に手を回したのです。

「線の内側に入るんだよ」少年は優しく言いました。「そうしたら安全だからね」

少年は子どもたちを中のほうへと導き、子どもたちは信頼しきって彼のあとに続きました。

少年を持て余していた母親は、予想もしない少年の親切で賢明な行為には気づかなかったようです。彼女が気がつかなかったのが残念でたまりません。気がついていたら、母親の息子への見方が変わったに違いないでしょうから。

教訓

責任を与えたほうがいい人たちがいる。彼らは責任を与えられると、まったく別人になる。

馴染みのない大都市を車で走っていると、ちょっとしたパニックに陥ることがある。そんなとき私は自分にこう言い聞かせている。

「母を助手席に乗せているつもりで運転しよう」

私の母は精神安定剤の代わりになる。車を運転しているとき、母が私のとなりで震えながらシートベルトにしがみついていると考えるだけで「私がしっかりしなくちゃ」という気持ちになるのだ。

この物語はそれとよく似た話だ。人は状況によって、まったく異なる性格を見せるのだ。

質問

□この話はあなた（またはあなたの知っている誰か）と、どのような関連がありますか？

□自分自身に対する見方が変わるのは、どのような場合でしょうか？

□あなたの行動パターンはあなたの上司、同僚、友達、家族と同じですか、それとも違いますか？

□もっと責任を与えられたら、あなたはどのように反応するでしょう？

□あなたの知っている誰かは、もっと大きな責任に対処できるでしょうか？　それは彼らをどのように変えるでしょうか？

●第29の物語●　ベスビアス山への旅

数年前、南イタリアで休暇をとっていたときのことです。私はナポリのすぐ近くに位置する大火山ベスビアスへの日帰りツアーを勧められました。そのツアーは、火山の頂上まで行き、希望者はクレーターの内側を歩くというスリルを楽しめるとのことでした。

西暦七九年にポンペイの町を完全に破壊したことで有名なこの火山は一九四四年以来爆発してはいないものの今も活動を続けており、爆発が予測されていた年をもう二十年ほど過ぎているとのこと。しかし陽気なガイドはひとこと「そんなことで心配してはいけません」と言っただけでした。

その朝のツアーに参加したのは、陽気な観光客たちでした。私はあまり高いところが好きではないので、これからどうなるのか多少不安でしたが、頂上の壮大な眺めは頑張るだけの値打ちがあるとガイドに勧められて、決心しました。

最初は、とても怖い思いをしながら馬車で登り、そのあと頂上までは、あえぎながら歩いて登りました。長い道のりでしたが、私はガイドが正しかったことを認めざるを得ません。素晴らしく壮大な眺めだったのです。巨大なクレーターを見渡し、火山灰の中からゆっくりと硫黄の煙が立ち昇るのを見て、私たちの誰もが厳かな気持ちになりました。静かに心打たれる景色を見ていると、私たちのツアーのグループにいた二人のやや肥満気味の中年女性が、あえぎながら頂上まで上がってきました。

「着いたわ!」私はそのうちの一人がうれしそうに叫ぶのを聞きました。

「すごいわ!」もう片方が叫びました。「もう待ちきれない」

二人は興奮した様子で私たちが立っているところまで駆け寄ってきました。私はてっきり彼女たちが立ち止まり、見物人に加わるものと思っていましたが、驚いたことに二人は完全に景色を無視して私たちを通り越し、クレーターの端に危なっかしく建っている土産物屋に駆け込んだのです。私は興味をそそられ、片方がもう片方に叫ぶのを聞きました。

「友達に、ここの絵葉書を送るのが待ちきれないわ」

教訓

私たちはどれほど何かを「本物」と間違えているだろうか？

ヴァーチャルリアリティや人工知能といった現代のカルチャーの中では、時として何が真実で何がそうでないかがあいまいになることがある。物事は、いつも見かけどおりであるとは限らない。この実話でそうした点への気づきを深めてほしい。

この物語を題材に、状況を違う視点でとらえること、想像上や表面的なものと本物との区別などのテーマを考えてみよう。

質問

□この物語は、あなた（またはあなたの知っている誰か）にどのように関わっていますか？
□あなた（またはあなたの知っている誰か）に見えていないのはどんな「景色」ですか？
□あなたは美しい景色を無視したことがありますか？
□どうしてあなたは間違った景色に注意を向けているのですか？

□絵葉書を買うことは、あなたにとって何を象徴していますか？
□あなたが抱えているのは本当の問題ですか、それとも想像上の問題ですか？

・第30の物語・
爪をかむのが流行

娘が学校から帰ってきて言った。

「パパ、学校中の女の子が爪をかんでいるの。だから私も流行についていきたいの」

私は娘にこう言った。

「そうだな、君も確かに流行についていくべきだろうね。女の子にとって流行っていうのは本当に大切だと私も思うよ。君は他の女の子よりずいぶん遅れているよ。みんな練習を積んでいるからね。だから、君が他の女の子たちに追いつく一番の方法は、毎日じゅうぶんに爪をかむことだと思うな。一日に三回十五分ずつ、毎日時間を決めてしっかりかめば追いつけると思うよ」

娘は最初すごい意気込みで毎回時間どおりに取り組んだ。それがしばらくすると、遅めにはじめて早めに終わるようになった。そしてついにある日こう言った。

「パパ、これからは学校の新しい流行を追いかけることにするわ。長い爪よ」

教訓

行動は義務にすることで、その魅力を取り去ることができる。

この物語は「逆心理」の好例だ。ある行動を容認し奨励することで、かえって彼らに反対の行動をとらせることができる。「流行」ではあっても望ましくない行動は、こうして苦しい試練にしてしまうこともできるのだ。

質問

□あなた（またはあなたの知っている誰か）は、どんな点でこの爪をかむ少女に似ていますか?
□流行ではあっても望ましくない行動とは、どんな行動ですか?
□あなたはその行動を、どのようにリフレイムすることができますか?
□流行についていくための、もっと魅力的な方法はありますか?

第 4 章

エンパワーメント

「あなたならできる」と伝える10の物語

Empowerment

人は常に自分の行動には、ある程度の選択権を持っている。責任とともにその選択権の範囲を拡大することで、人はより能力を発揮する。この章では、そうしたエンパワーメントへの理解を深める物語を集めた。

【この章のテーマ】

●エンパワーメントとはどういうことかを知る。
●自分自身の行動に責任を持ちリスクを負う。
●自分の能力を信じる。
●クリエイティブかつポジティブに思考する。
●異なる視点からものを見る。
●自分のための決定を他人に頼らない。
●チームをエンパワーする。
●ビジョンを持ちクリエイティブな思考でエンパワーする。
●信念の効果を知る。
●現実または想像上の束縛から自分を解放する。
●エンパワーメントにおけるルールの効果を知る。

・第31の物語・ハムサンドイッチ

ある建築現場で二人の男がいっしょに働いていた。お昼になったので二人は道端にすわり、それぞれのランチボックスを開けた。一人目の男がボックスの中をのぞき、上機嫌で手をこすりあわせながら言った。

「よかった！　腹ペコだったんだ。チキンだろ、それにチーズとツナのサンドイッチ、ポテトチップ、それから美味しそうなフルーツ……」

二人目の男が自分のランチボックスの中を見て、深いため息をついた。

「あーあ、またハムだ。信じられないよ。ハムサンドイッチを食べるのは、今週で三度目だ。もうハムなんて見たくもない。うんざりだ」

「おいおい元気を出せよ――」相棒がなぐさめた。「なあ、あんたがそんなにハムサンドイッチが嫌なら、奥さんに他のものを使うように頼んだらどうだい？」

言われたほうはとまどったような顔をした。

「何の話をしてるんだい？　僕には女房はいないよ。自分でサンドイッチを作っているんだ」

教訓

あることが実行されるのを望むなら、それを自分で行おう。そしてうまくいかなくても、文句を言ってはいけない。

私は人が「あの人たちは、こうするべきだった」とか「彼らはこれをすべきではなかった」とか言うのを聞くたびに、ハムサンドイッチを思い出す。逆に「私は全面的に責任を負っていた。そして完全に失敗してしまった」という言葉を聞くことは滅多にない。だから次にハムサンドイッチを見たときには、この物語についてじっくり考えてみてほしいのだ。

この話を題材に、個人のエンパワーメント、責任を負うこと、自分の能力を信じること、クリエイティブな思考、異なる視点からものを見ることなどについて考えることができる。

質問

□あなたが食べ飽きている「ハムサンドイッチ」とは何ですか?
□あなたはハムサンドイッチの代わりに何を望みますか?
□あなたが自分で管理しているのはどのような行動ですか?
□あなたの変化を妨げているものは何ですか?
□あなたはどのような変化を起こすことができるでしょう?
□あなたは自分のことは棚にあげて、すべて他の人の責任にしたことがありますか?

●第32の物語● 決めるのはあなた

私は、不満を抱えるCEOたちに対して、仕事を任され余分な責任を負わされるのを拒んでいる社員を弁護するのに疲れていました。くわえて自分以外は付き合いにくい人間ばかりだと文句を言う社員たちの泣き言を聞くのにもうんざりしていました。そこで休息とエネルギーの回復を求めて、地元の仏教センターに出かけることにしたのです。

あれ以来何度もセンターを訪れてはいますが、この時が最初の訪問でした。仏教のことはあまり知りませんでしたし、私が訪れようとしていたヨーク近郊のセンターのことはまったく知りませんでした。とりあえず万一の準備として遺書を書き、家の鍵を変え、私がどこかへ奴隷に売られて姿を消した場合のために、友達や家族に郵便物の転送先の住所を残したのです。

私はセンターについてすぐ、その平和で静かな雰囲気、そしてその場所の広さに驚きました。

もともとはジョージ王朝の時代に個人所有されていた大邸宅で、起伏を繰り返すいくつもの美しい丘や湖、そして畑のある約十六ヘクタールの土地にセンターはありました。

私は週末の座禅会に参加するため、かなり早い時刻に到着しました。エントランスの側面に立っている堂々たる大理石の柱に車を近づけましたが、他の車は見当たりません。エントランスまで来て、私は途方にくれました。どこに駐車すればいいのでしょう？　入り口の正面に止めるのも、あまりにずうずうしく思われます。週末だけの訪問者や、はじめての客、私と同じような「何でもない人」のための駐車スペースがあるはずです。クリップボードを持った白い上着の駐車場管理人はどこにいるのでしょう？　何の標識もラインもないし、こうした場所には当然ある案内や規則の看板もないのです。

私がどうしようかと迷っていると、栗色とサフラン色の伝統的なローブを着て庭の手入れをしていた若い僧が、私の車に近寄ってきました。

「おはようございます。何かご用でしょうか？」若い僧は微笑みながら尋ねました。

「ええ」私は答えた。「週末の座禅会にやって来たのですが、どこに車を止めたらいいか教えていただけますか？」

若い僧はあごに手を当て、私の車の周りの空いている場所を見渡しました。

「うーん、そうですねえ」

私はまずい所へ来てしまったと思いました。

僧は次に後ろを向いて別の方向を眺め、首を横に振りました。私はただの不法駐車で拉致される前に、早くここを出なければと思いました。

最後に若い僧は、また私のほうに視線を戻しましたが、このときの彼の目には、はっきりといたずらっぽい輝きがありました。そしてまさに私の車が止まっているところを指差して「ここでは？」と言ったのです。

思いもかけない言葉だったので、私は完全に戸惑ってしまいました。

「え、ここでいいんですか？ ただ……わからなかったものですから……今まで来たことがなかったので……」私は思わず口ごもりました。

「ここで結構です」若い僧は優しい笑みを浮かべて言いました。「それに、あなたがそのほうがよければ、建物の裏にも駐車スペースがあります」

「あっ、そっちのほうがいいですか？」私は尋ねました。「あの、あなたにとって、そのほうがよいかという意味でお聞きしているんです。とにかく、ここへ来たのははじめてなもので……」私は早口になっていました。

若い僧は笑いました「ここで結構です。裏でも結構です。あなた次第です。あなたが決めればいいんです」

僧はこう言うと、先ほどまで使っていた鍬を拾い上げました。

「では失礼します。仕事に戻らなくてはなりませんので。楽しい週末をお過ごしください」

僧に感謝の言葉を述べた後、立ち去る彼を見ながら、私は車の中で動かずにいました。

「決めるのはあなた?」彼は何を言おうとしたのでしょう? 単に私にどこに行けばいいか教えてくれることもできたはずです。そっちのほうがはるかに簡単だったでしょう。そうすれば、もしそれが間違いでも、彼の失敗というだけです。

いろいろと考えたあげく、私はまさに最初に停車した場所に車を置いていくことに決め、バッグを手に取り玄関に向かいました。そして歩きながら、先ほどの若い僧を見たのです。彼は庭を掘り起こす作業に再び没頭していました。

「エンパワーメントということを完璧に理解している人物がここにいる」私はそう思わずにはいられませんでした。

教訓

あなたが正しい決定をしたら、それはあなたが決めたのだ。あなたが間違った決定をしても、それもやはりあなたが決めたのだ。

先週、私はある大都市の立体駐車場に車を止めた。ゲートに近づくと「チケット購入の方はボタンを押してください」という表示が出たので、私は先に進んだ。すると今度は「右に曲がってください」と表示されていたので、私は右に曲がり、次に「チケットをお持ちください」と行き届いた注意を受けたので、言われたとおりに実行した。「では買い物をお楽しみください」の表示が出るのを待っているときに思い出したのがこの話だ。

この物語で、エンパワーメントの本当の意味、つまり私たち一人一人が自分の行動に対する責任を負わなければならないということを示すことができる。自分のための決定を他人に頼ることはできないのだ。

質問

□あなたは、エンパワーメントという言葉をどのように理解していますか?

□エンパワーメントは、自由を与えてくれるものと思いますか? それとも恐ろしいものと思いますか?

□あなたは、どのようにエンパワーされていますか?

□あなたは、どうすれば自分の行動にもっと責任を持つことができますか?

□あなたの所属する組織は、あなたをエンパワーしていますか？　また、それはどのような形で行われていますか？

□人が誤った決定を行ったら、何が起こるでしょう？

●第33の物語●

毛虫の行列

毛虫の行列を見たことがありますか？　彼らの奇妙な行動をご存じでしょうか。

彼らは、食物を探して移動するとき、リーダーが進む方向を決め、他のすべての毛虫は揺るぎない信念を持ってひたすら彼のあとに続くのです。

リーダーをあまりに盲目的に信頼し、そして行動自体も規則的で催眠効果があるので、後に続く毛虫たちは目を半分閉じていると昆虫学者たちはレポートしています。毛虫たちはとぼとぼ歩き旅を続けます。けれども誰が行き先を知っているのでしょう？

前世紀の初頭に、フランスの博物学者ジャン・アンリ・ファーブルが、このような昆虫の行動や習性を研究しました。彼は特に人間と昆虫の心の類似性を考察しました。ファーブルのもっとも有名な実験の一つが、一グループの毛虫の行列によるものです。彼はリーダー毛虫を誘導し、大きな植木鉢の縁をぐるぐる回らせることから実験をはじめました。予想どおり、しばらくして群れの残りの毛虫たちがリーダーの後を追いはじめました。

彼らは、角を回ったところに食物があると確信している様子で、植木鉢をぐるぐると回りましたが、彼らの頭のたった数センチ先にある、たっぷりと水分を含んだ緑の葉には見向きもしませんでした。驚いたことに、この行列はむなしい食物探しを何日間も続け、ついには疲労と空腹のせいで一匹また一匹と、植木鉢の縁から落ちはじめました。

とうとうグループのほとんどが餓死しました。数センチ先には全員に十分な食物があったのに。

彼らはそこに食物があることが見えなかったのです。

教訓

リーダーに追随するのは危険なゲームだ。特に、リーダーが正しい方向に進んでいるという確信が、あなたにない場合には。

私たちは、時として盲目的で無思慮となり得るものだ。そして簡単に自分の考えを捨て慣例や決まった手順に従う傾向にある。それを、この物語は明快に描いている。こうした思考抜きの行動は、非常に危険な結果となり得るのだ。

この物語を通して、リーダーとリードされる人との関係について問題を提起できる。またエンパワーメント、ビジョン、クリエイティブな思考といったトピックについて考えることもできる。

質問

□ファーブルはこの毛虫の行動と人間の行動とを比較しました。彼は正しかったでしょうか？

□あなた（またはあなたの知っている誰か）は、どのような点で毛虫に似ていますか？

□あなたは周囲の出来事に、どうすれば「目を開く」ことができるでしょう？

□あなたのリーダーは正しい方向に向かっていますか？　また、あなたは正しい方向がわかっていますか？

□あなたに見えていないかもしれない数センチ先にある「食物」は何でしょう？

□どうすれば、食物を「見る」よう他の人を説得することができるでしょう？

□あなたはどのようにして人に方向転換させせますか？

・第34の物語・
象の話

サーカスや動物園の象を見て不思議に思ったことはありませんか？　七メートルもある大きな象と、人間の膝くらいしかない小さな赤ちゃん象が、小さな杭に取り付けられたまったく同じサイズのチェーンにつながれているからです。

大きな象と小さな象を同じように扱うなんて、まったく非論理的だと思えます。成長した大きな象には、赤ちゃん象よりもずっと大きくて頑丈なチェーンをつけるべきだと言いたくなります。大人の象なら、その気になれば、単に歩くだけで、ちょうど人がひな菊を引き抜くように、何の苦労もなく地面から杭を引き抜くことができるし、小枝を折るようにチェーンを切ることもできるはずです。

そこがポイントなのです。成長した象は、自由になるために頑張ることがどのようなものかを忘れてしまったのです。ずっと昔、赤ちゃんだったころに、どんなに頑張っても閉じ込められたままで自由にはなれないと思い知らされたのです。

すっかり大人の象へと成長し、成人男子十人分の力を持つようになっても、象は自分を自由にはなれない囚われの存在だと思い込んでいます。頑張ることはもうあきらめたのです。

絶え間なくチェーンを引っ張っている赤ちゃん象は、まだ、成功しようという意欲があります。そして成功できるという信念も持っているのです。

教訓

行動を変えたいと思うなら、まず思い込みを変えなくてはならない。

この物語の起源は定かではない。私はさまざまな人がこの物語を語るのを聞いたし、さまざまなバリエーションで書かれた物語も読んでいる。

この話は思い込みを見直し、能力を信じるよう促すためにたいへん効果のある物語だ。エンパワーすること、個人の信念や価値観を見直すこと、現実や想像上の束縛から自分を解放することなどについて考えるとよいだろう。

質問

□あなた（またはあなたの知っている誰か）は、どのような点で大人の象、または赤ちゃん象に似ていますか？
□あなたをつないでいる「チェーン」に当たるものは何ですか？
□自分自身を解放できたら、どんなことが起こるでしょう？
□あなたは何かについて頑張ることをあきらめていますか？
□あなたは自分の能力について、どのような思い込みがありますか？　その思い込みを変える必要はありますか？
□成し遂げようという意欲を再び燃え上がらせるには、どうすればよいでしょう？

・第35の物語・ ルールを固守する

今朝の出来事です。私が散歩に出かけ、朝の爽やかな空気を楽しんでいると、犬を散歩させている年配の男性が話しかけてきました。私が話を促したわけではなかったのですが、彼は退職した会社のことを話しはじめました。

彼は同じ会社で三十五年間働き、エンジニアの仕事から先日退職したのですが、彼の後継者が会社に約千二百万ポンドもの損害を与えてしまったというのです。それは単純なミスが原因でした。彼が会社にいたころにも何度もおかしたミスだったそうです。

私はその話にとても興味をそそられたので、彼に質問しました。

「あなたの時には損害が出なかったのに、あなたの後継者が同じミスで多額の損害を出してしまった。それはなぜですか?」

男性は心得顔に微笑みました。

「もし私がまだ会社にいたなら、運転を止めるために、機械にただ木片を押し込んだだろうね」

彼はそう言い、あきらめたようにため息をつきました。「それがルールってもんだ」

「ああ、わかりました」本当はよくわかっていなかったのですが、私は無邪気に質問したのです。

「それがマニュアルで指示されている方法なんですね？」

どうやら私は彼の狙いどおりの愚かな質問をするように誘導されたようです。なぜなら、その男性は大声で笑ってから、こう言ったのです。

「違うよ！　そこが大事な点なんだ。そういうことはマニュアルにはのっていないんだ。この中にあるんだよ」彼は自分の頭を指差しました。「あのような場所をマニュアルで運営していくことはできない。大切なのは人の経験なんだ。もちろん会社を去る前に教えておくこともできたよ」

彼はくすくす笑った。「でも、誰も私から教わろうとしなかったんだ」

教訓

マニュアルからすべてを学ぶことはできない。

組織にはルールやマニュアルが必要だが、ルールの作りすぎが創造性と学習意欲を減退させる可能性もある。そうした場合、コーチングを通し、失われてしまうかもしれない各人の経験を明らかにし、それを最大限に活用することもできるだろう。

この物語を題材に、ルールやマニュアルの効用、自由にクリエイティブに思考すること、経験の持つ力を大切にすること、個人をエンパワーすることを考えるとよいだろう。

質問

□あなたの組織にはどのようなルールやマニュアルが存在しますか?
□そのルールやマニュアルは、創造性や学習意欲を高めるものですか、それとも妨げるものですか?
□修正が必要なマニュアルはありますか?
□あなたの会社では、人はどのような方法で学んでいますか?
□経験はどのように評価されていますか?
□あなた(または他の人)の変化を止めるものは何ですか?
□もっとイノベーションを奨励するには、どうすればよいでしょう?

● 第36の物語 ●

創造性を根絶せよ！

　地元の郵便局へ切手を買いに行ったときのことです。

「切手を二十枚ください」私は窓口の男性に言いました。

「申し訳ございません」男性は答えました。「今、切手が足りないのです」

「ああ、結構ですよ」私は答えました。「今ある分だけいただきます。何枚あるのですか？」

「二十五枚です」男性は答えました。

　私は、この男はふざけているのだろうかと思いましたが、顔を見るとそうではないようです。

「二十五枚？」私は疑いの気持ちで繰り返しました。「だけど私が欲しいのは、たった二十枚ですよ」

「わかっています」男性は言いました。「申し訳ありませんが、二十五枚は常に置いておかなければばいけないのです。だからお客様には一枚もお売りできないのです」
「でも、どうして二十五枚を置いておく必要があるんですか？」
私はますますわけがわからなくなって尋ねました。
「わかりません」男性は仕方ないのだというように答えました。「規則なんです」

教訓

人は自分の力を示す方法がなければ、小さな取るに足りないことを支配し始める。

「最終的に腐敗するのは、権力ではなく無力さによるのである」ロザベス・モス・カンター

人は誰もが、自分は力を持っている、人生の舵をとっていると感じたいのだ。しかし職場では、この物語が示しているように、規則やルールに圧倒されて、人の本来の能力が失われるということが簡単に起こる。

この物語を題材に個人のエンパワーメントと責任の関係、クリエイティブに思考すること、規則やルールの活用方法などについて話し合うとよいだろう。

質問

□この話は、あなた自身（またはあなたの知っている誰か）の労働環境と関連がありますか？
□職場に意味のないルールやマニュアル、規則がありますか？
□あなたやあなたと共に働く人々は、そうした規則や手続きを理解していますか？
□もっと自律的に考えるよう人を促すには、どうすればよいでしょう？
□変化をもたらすには、どうすればよいでしょう？

●第37の物語● エンパワーメントにリスクは付きもの

私は先日、経営苦境にある大企業の人事部のメンバーといっしょに仕事をした。苦境を脱出するため、私たちは人事部として何ができるのかのプランを練った。彼らはまさに必死で取り組み、金曜日に予定されている人事部重役への素晴らしいプレゼンテーションを準備した。

彼らが作り上げたのは、官僚的な体制を打ち壊して顧客との接触を取り戻し、イノベーションを起こしやすくするプランであった。各部局間の争いを減らすために、人事部自身の権限も大幅に縮小していた。これが会社を救う切り札になることは確かだった。

重役はプレゼンテーションをじっと聞いていた。そして終わるとこう言った。

「きみたちの意見はわかった。きみたちが今ここで、この計画に九十五パーセントの成功確率があると証明できれば、私も真剣に考えよう」

この言葉こそ、そもそも彼らを苦境に陥れたローリスク反イノベーションの姿勢をそのまま表すものだった。

結局、彼らは努力をやめた。新聞の求人欄に目を通し、履歴書を書きはじめたのである。

教訓

他人を批判していればリスクは少ないが、もちろん得るものも少ない。


私の知り合いが最近見たという、起業家の成功談を集めたテレビ番組の感想を聞かせてくれた。彼は軽蔑した調子でこう言った。

「別に目新しくもなんともなかった。僕だってやろうと思えばできたよ」

私は彼にこう言った。

「そうね、だけど彼らは実行したけれど、あなたはしなかった。そこが違う」

私たちは誰もが本を書くことができる。ビジネスをはじめることもできる。大金持ちにだってなれる。けれどもアイデアを実際の形にするには、勇気と信念が必要だしリスクも伴う。

この物語をもとに、エンパワーするということ、リスクと責任を負うこと、自分自身の能力を信じること、クリエイティブな思考の活用などについて考えるとよいだろう。

質問

- □この話は、あなた（またはあなたの知っている誰か）の状況と関連がありますか？
- □リスクを伴うため、あなたがためらっていることは何ですか？
- □まったくリスクがなければ、あなたは何をするでしょう？
- □あなた（または他の人）が、変化を起こすのを止めているものは何でしょう？
- □どうすれば、あなたの職場の「官僚的体制」を打ち壊すことができるでしょう？
- □どうすればクリエイティブなアイデアをもっと支援できるでしょう？

・第38の物語・

一マイル四分の壁

一九五四年、イギリスの医者でありアスリートであるロジャー・バニスターが、一マイル（約一・六〇九三キロメートル）を三分五九・四秒で走った。現在の基準からすれば、すごい記録とは思えないかもしれない。しかし当時この記録が持っていた意義は、単に世界新記録だということだけではなかった。それは、そのときまで固く信じられていた、人間には一マイル四分の壁は破れないという思い込みを完全に打ち砕いたのである。

皮肉なことに、ロジャー・バニスターの記録は二ヵ月もたたないうちに、一マイルを三分五八秒で走ったオーストラリアのアスリート、ジョン・ランディに破られた。そしてそれ以来、記録は何度も塗り替えられてきた。けれども、信念が世界を変えられることを証明することにより、他の多くのアスリートに扉を開いたのはロジャー・バニスターなのである。

教訓

他人の思い込みに、ネガティブな形で影響を受けることは、危険である。

多くの人が「それは不可能だ」と思い込み、その思い込みを証明するかのように行動し続けている。この実話が、そうした思い込みを見直すために役立つだろう。

この話を素材に、いかに思い込みが行動に影響を与えるか、どうやって自分の能力を信じればいいか、といったテーマについて考えてみよう。

質問

□誰も破れるとは思わなかった「一マイル四分の壁」は、何を象徴していますか?

□あなたは他の人の影響を受けたことがありますか? どのように影響されましたか?

□あなたの思い込みは、何らかの形であなたを抑制していますか?

□あなたには変えたいと思っている思い込みがありますか? また、どうやったらそれを変えられるでしょう?

□その変更は、あなたの人生にどんな影響をもたらすでしょう?

●第39の物語●

グラスの手品

しばらく前、私たちはガイ・フォークス・ナイトを祝いました。ご存じない方のために説明すると、ガイ・フォークスは一六〇五年一一月五日、ロンドンの国会議事堂を爆破しようと試みて、派手に失敗した人物です。この事件にちなんで、毎年一一月五日に行う伝統行事がガイ・フォークス・ナイトです。

いつもは特にお祝いをしないのですが、今年は気まぐれで、かがり火をたいて花火をすることにしました。おかげで二つの貧弱なロケット花火に、ガイ・フォークス事件が起こった当時ならば小さな家が買えるほどのお金がかかることを知ったのです。友人夫婦もご馳走になるお礼にと言って、花火を持ってきてくれたので、結局貧弱なロケット花火が全部で四つになりました。

彼らの二人の子ども、ダヴィズ十一歳とマーティーナ十四歳には、今回はじめて会いましたが、素敵な子どもたちでした。花火と屋外での食事を楽しんだあと、私たちはジョークを飛ばしたり噂話をしたり、パーティ用の芸を披露し合ったりするために席に着きました。

パーティ芸のひとつは、友人の一人スティーブと私の夫が行う手品で、私は彼らがそれをするのを二十年の間に何度も見てきました。手品師協会から追放されないことを願いつつ、ご説明しましょう。

それは、スティーブがテーブルの上にたくさんのグラスを集め、彼が部屋を出ている間に誰かが触ったグラスがどれかを当てるという手品です。このトリックは観客の中に協力者がいることが必要です。舞台の演技者が正しいグラスに触るたびに、協力者が腕を曲げたり、鼻をかんだりなどの微妙な動作をして知らせるのです。失望させて申し訳ありません。けれどもこの手品は、魔法でも何でもないのです。

二人の演技はいつもながらの堂々としたもので、子どもたちは皆感動していました。そしてダヴィズが、その手品を試しにやってみたいと言い出したのです。彼の言葉は、私たち皆をジレンマに落とし入れました。基本的にいんちき手品なので成功するはずがないのです。それをどう子どもに伝えればよいのでしょう?

大人たちが結果を想像して、暗い気持ちで互いの顔を見合ってすわっている間に、ダヴィズが部屋を出て、残った子どもの一人がグラスに触りました。ダヴィズは、タイミングを見計らって部屋に戻り、ずいぶん考え込んで芝居がかった動作をしたあと、正しいグラスを当て皆を驚かせました。それだけなら驚くことでもないかもしれません。けれどもダヴィズはこれを三回続けて行い、三回とも正しいグラスを選んだのです。

とても興味をそそられた私はダヴィズに質問しました。

「たいしたものだわ。どうやってやったの?」

「わからないよ。多分、僕に力があるんだと思う」ダヴィズは、自信たっぷりに、そしてやや芝居がかった様子で答えました。

その夜以来、私はダヴィズや手品のことをずいぶん考えましたが、彼がどのようにやったのかはいまだにわかりません。ただ、ダヴィズが成功したのは、誰も彼にそれが不可能だと言わなかったからではないかと思うのです。

その昔、ガイ・フォークスの事件では、不可能という思い込みがあったほうが、よかったかもしれませんが。

教訓

できると信じる場合、あなたは正しい。できないと思い込む場合も、やはりあなたは正しい。

私たちは幼いころから、何らかの信念を持ちはじめる。そして、そうした信念は、ポジティブなものであろうとネガティブなものであろうと、私たちの行動に大きな影響を与える。それが真実であるか否かは、実はどうでもよいのだ。それが真実だと思えば、それに従って行動するからである。

この物語を用い、信念とそれが行動に与える影響、個人のエンパワーメント、クリエイティブな思考、といったことについて考えることができる。

質問

□あなた（またはあなたの知っている誰か）は、自分の可能性を引き出すどんな信念を持っていますか？

□あなたが持っている可能性を限定する思い込みとはどんなものですか？

□信念や思い込みは、あなたの行動に、どのような影響を与えますか？

□思い込みを変える必要がありますか？　必要があるとしたら、あなたはどのように変えますか？

□もし失敗しないとわかっていたら、あなたは何をしますか？

・第40の物語・

工場の壁

数年前に私がコーチした製造会社のチームリーダーの青年は、マネジャーから作業の流れを改善する方法を研究するよう指示されていました。彼は、アンケート用紙をつくり、多くの同僚に意見を求めるという、申し分のない協議型のマネジメントスタイルでプロジェクトを開始しました。

彼は私に、彼自身のプランは、仕切りの少ない、より広い場所をつくるため、今ある内部の壁の一部を取り壊すことだと打ち明けてくれました。このことは、機械類の配置をよくして作業の流れをもっと効率化できるだけでなく、将来のために工場の拡張スペースを確保しておくことも意味していました。

彼は長い時間をかけ、問題の場所の縮尺図を描きました。それをコピーして同僚にまわし、彼らの意見を求めようと考えたのです。彼は、同僚に自由にアイデアを出してもらうため、ビルの輪郭だけを描きました。
同僚から戻ってきたコピーを見て、彼は驚きました。同僚たちそれぞれが最初にしたことは、内部の壁をすべて几帳面に元の場所に描き込むことだったのです。

教訓

あなたは存在してもいない壁を想定してはいないか？

牢獄にいる人が収容所生活に慣れるのと同様に、人は組織において「その組織でのやり方」を驚くほど早く植えつけられるものだ。この話は、私たち自身にも、そうした事態がいかに簡単に起こり得るかを思い出させてくれる。
この物語を題材に、可能性を制限する思い込みはないか、思い込みが行動にどんな影響を与えているか、クリエイティブな思考方法といったテーマについて考えることができる。

質問

□あなた（またはあなたの知っている誰か）は、人生にどんな「壁」を想定していますか？
□壁はなぜそこにあるのですか？
□もし壁がそこになかったら、どうでしょう？　あなたが今できないことで、何ができるようになるでしょうか？
□あなたが壁を取り壊すことを止めるものは何ですか？
□誰があなたに力を貸してくれるでしょう？

第 5 章

自己評価と成功

「あなたはとてもよくやっている」と伝える10の物語

Self-esteem and Success

人の成長を抑制する最大の要素は、自己評価の低さである。この章の物語は、自分自身の可能性と能力を信じることを促すだろう。

【この章のテーマ】

- 自信と自尊心を培う。
- 賞賛し報酬を与える。
- 適切にフィードバックする。フィードバックを受ける。
- 他人の考え方、とらえ方を知る。
- 自分の能力や信念を信じる。
- 学習によって自己評価を高める。
- 自己イメージとアイデンティティを知る。
- 成功するための目標設定をする。
- 隠された才能、潜在能力を見つける。
- 個人とチームの両方で成功する。
- ポジティブ思考のパワーを知る。
- 自信ある言動で影響を及ぼす。
- 個人的な業績。

・第41の物語・

あなたのソックスが好き

数年前、私は同僚たちと、今までに参加したさまざまな能力開発トレーニングコースの、あいまいな効果と満足感について話していました。たいていは「それを一度打ち壊して、もう一度築き上げよう」式のトレーニングでした。はじめは、まじめな話し合いだったのですが、結局はもっともばかばかしく気恥ずかしいエクササイズ（ほら、皆さんもやったでしょ）をさせるコースを挙げられるのは誰かという、競い合いになりました。

私の友達が笑い出し「一つ思い出したよ」と言いました。

「今の会社でのことなんだけど、もっと効率的に協力して働けるようになるために、僕たちの部がチームビルディングコースに送られたんだ。その部に今から話す男がいたんだ。名前をジェラルドとしておこう。部長だったが、誰も彼には我慢がならなかった。だから僕は、皆はどうやって彼に接するのだろうかと思ったよ。

「最初のエクササイズでは、皆が背中にポストイットの紙を張られて、円になってぐるぐる回った。全員が、同僚の一人一人に対し何か誉め言葉を考え、その人のところに行って、背中の紙に書き込むというものだった。エクササイズの終わりには、全員が集まって、書かれたことに同意できるかどうか、自分の思うところを語り合うことになっていた。

「エクササイズをはじめてしばらくすると、ほとんどの人の背中には、少なくとも一つか二つの誉め言葉が書かれていたよ。たいていは『あなたにはユーモアのセンスがある』『あなたは顧客に親切だ』『あなたの笑顔は素晴らしい』といった差しさわりのない言葉だった。ところがジェラルドの背中は『誉め言葉ゼロ地帯』だったんだ。しかしやがてスタッフの一人が彼のところへ行って、背中に何か書き込んだ。同情ときまり悪さからの行動だったと思う。僕たちは皆どんなことが書かれたのか興味津々だったよ。僕はタイミングを見計らって、それを見るために彼に近づいた。そこに大きな字で書かれていたのは『私はあなたのソックスが好き』という言葉だったんだ」

私の友達は最後にこう言いました。

「あのコメントより、まったく何も書かれなかった方が、良かったのか悪かったのか、僕にはわからない。ただ僕たちはそれ以後トレーニングコースに送られることはなくなったよ」

教訓

いいことが何も言えないなら、何も言わないでおこう。

これは何年も前に同僚から聞いた話だ。あまりに昔のことなので、その同僚の名前を忘れてしまったくらいだが、しかし彼にこう言ったことは忘れたことがない。「もし私が自己認識や能力開発の本を書くとしたら、タイトルは『あなたのソックスが好き』と名付けます。とってもいいタイトルだと思うから――」

本のタイトルではなくても、本に収められたひとつの物語のタイトルにすることだって十分素敵なことではないだろうか。私はこの物語を、フィードバックの危険性、そこにある落とし穴を示唆するために使っている。

この物語を題材に自己評価、賞賛《アクノリッジメント》の価値、適切なフィードバック、周囲からの評価などのトピックについて考えることができる。

質問

□あなたは職場で、どのようにフィードバックをしたり受けたりしていますか?
□フィードバックはいつどのように与えられますか? それは客観的ですか?
□フィードバックはオフィシャルに改まった形で与えられますか、それとも個人的に与えられるのですか? あなたはどちらがいいと思いますか?
□あなたは職場で、賞賛《アクノリッジメント》を与えたり受けたりしていますか?
□あなたが与える、または受ける賞賛は、どうすればもっと意味あるものにできるでしょう?

●第42の物語●　KNCコンサルティング

キング工業の社長デヴィッド・キングは、新しいシステムやビジネス手法を取り入れることに夢中でした。フローチャート、図解、モデリング。彼はさまざまな手法を知っていましたが、そのほとんどを使いこなせませんでした。でも、ともかくデヴィッドは新しいことが大好きだったのです。

デヴィッドは、流行の先端をいく最新のシステムを取り入れることに執念を燃やし続けました。すっかり心を奪われて、日々のキング工業の経営がおろそかになってしまうほどでした。聞いたことのないシステムを競争相手が取り入れたことを知ると、何日間もデヴィッドの機嫌が悪くなることは有名でした。そして二、三週間後、キング工業は、重役会議室にハイテクを用いたプレゼンテーションとフリップチャートを完備したコンサルタントを迎えることになるのです。そして当然ながら、数カ月後には請求書がどっと送られてきて数十万ポンドの会社のお金が飛んでいきます。しばらくすると目にするものといえば請求書ばかりといった状態になるのです。

我慢強いキング工業の重役たちは、デヴィッドの行動には慣れっこになっていました。彼らは「最新コンセプト」が市場に出るたびにうめいていました。よくても会社が大金を払うはめになり、最悪の場合には、彼らの仕事と心配が増えるのです。けれども彼らはまた、説得しても無駄だということも知っていました。デヴィッドの強迫観念は、他人の意見など関係なかったのです。

デヴィッド・キングの噂は業界に広まりました。彼が望んだような、先見の明やチャリティーへの気前の良い寄付についての噂ではありません。彼の虚栄心、頑固さ、そして会社の金を使うことにかけての思慮のなさについての噂が広まったのです。

デヴィッドの噂を聞いた中に、たまたまこの町にやってきたばかりの、ツキが落ち気味の二人のいかさまビジネスコンサルタントがいました。

「いいねえ」二人はお互いに言いました。「ちょっとここで大金を稼ごうじゃないか」

デヴィッド・キングに会う準備として、二人はでたらめなビジネスプランとマーケティング戦略、そして虚構のホームページを作りました。これで準備は万全です。

自らをKNCコンサルティングと呼び（KNCが何の言葉の略なのか誰も知らなかったのです

が、知らないのは恥ずかしいことだと思って誰も聞きませんでした）クライアントの成長と収益性を最大限に高める特別設計の「強力で革命的なコンピュータシステム」を持つ彼らは、すぐにキング工業で会いたいというデヴィッドからの招待を受けました。彼らはもちろん、満足した顧客の推薦状を一束持っていくだけの用心は怠りませんでした。全部自分たちで書いたものではありましたが。

「うん、どれも申し分ないですね」デヴィッドは推薦状に目を通しながら、感嘆して言いました。「だけど、私が欲しいのは、どのライバル社も今までに持ったことがない、本当にまったく違うものなんです」そしてこう付け加えました。「私は『今年もっとも活躍したビジネスマン賞』を狙っているんですよ」

二人のいかさまコンサルタントは待ってましたとばかりに飛びつきました。

「もちろんですとも」片方が言いました。

「デヴィッド、私たちは、あなたがどのような方かをお聞きしました」もう片方が言いました。「そして実は、あなたより一歩先を行くために、最高のものを今までとっておいたのです。私たちは最近ビジネスプロセス検査システムを発明したところなんですが――」彼らは気取った笑みを交わしながら付け加えました。「これは非常に高度なシステムで、プリントアウトされたときには貴社のスタッフの中でも、最高に知的で教養のある方にしか見えません。ちょっと劣る人物、たとえば経営本部スタッフや清掃員、経理のスタッフには何も見えないでしょう。世界でも類を見ないシステムであるだけでなく、貴社の社員を評価する強力なツールでもあります。利口な者とおろかな者を即座に区別できるのです」

デヴィッドが喜びに震えたことは言うまでもありません。

「今すぐ私のためにシステムをカスタマイズしてください。次の重役会議でコンセプトを発表することにします」

二人のコンサルタントは、ソフトウェアを買いプログラマーを雇うという口実で多額の前金をせしめて、デヴィッドが彼らに与えた部屋に、机とコンピュータをそれらしくセットしました。一日中コンピュータはウィーンとうなり、プリンターはカタカタと動いていました。コンサルタントたちはそれらしくしていなければならなかったのです。本当は、彼らは隅っこにすわって、ひそかに一人遊びのゲームをしたり、のんびりと時をすごしたりしていただけでした。

一週間後、デヴィッドはじれったくなってきました。しかしシステムに評価されることがやや心配でした。無能だという結果が出るのをおそれたデヴィッドは、経理部長に言いました。

「コンサルタントたちの部屋に行って、彼らがどのようにシステム開発に取り組んでいるか見てきてほしい。あとで彼らの仕事の進み具合を報告してくれたまえ」

経理部長は言われたとおりにコンサルタントたちに会いに行きました。コンサルタントたちは経理部長に彼らの発明、とくにその強力な評価機能について説明し、彼らの仕事をよく見ていくようにと勧めました。しかし、プリンターから出てくる紙を見ても、当然ながら経理部長には何一つ見えません。部長はとてもショックを受けましたが、無能だと思われたくなかったので感動しているふりをしました。

「これは私が今まで見たものの中でももっとも精巧で複雑なシステムですよ」部長は続けました。

「デヴィッドに報告するのが待ちきれません」

さらに一週間がたち、デヴィッドはますますじれったくなってきましたが、やはり評価のことが心配だったので、製造部長に仕事の進み具合を見に行かせました。もちろん、彼がコンピュータを見ても何一つ見えません。製造部長はとても心配になりました。

「私が今の仕事に不適任だということを、デヴィッドに知られてはならない」このように考えた製造部長は、経理部長と同じく、無能だと思われたくない気持ちから、声を大にして言いました。

「これまでの人生で、こんなに素晴らしいものは見たことがありませんよ」

ついに重役会議の日が訪れ、二人のいかさまコンサルタントは華々しく大げさに「キング工業の高い要求水準に応じるために」カスタマイズされたＫＮＣコンサルティングシステムを発表しました。会議室の大きなテーブルには、まったく白紙の紙の束が次から次へと並べられました。「あれ！」デヴィッドは、何も見えないことにひどいショックを受けました。部長たちが皆、見えている様子だったので「これはこれは――」といかにも感動したように言いました。デヴィッドは無能だと思われたくなかったし、他に適当な言葉も考えつかなかったのです。

「なんと素晴らしい」デヴィッドをタカのような目で見つめていた部長たちが、デヴィッドのリードに従い声を揃えて言いました。

彼らが新システムとされるものを誉めたたえていると、キング工業でスカラーシップを受けている青年が部屋に入ってきました。この騒ぎはなんだろうと思い、一人の部長の肩越しにテーブルをのぞいた彼に見えたのは、そこに広げられた白い紙でした。

「だけど何も書かれていませんよ」青年は無邪気に言いました。

「おやおや、そんなことを言って――」デヴィッドは笑いました。「これで君が私のもとで学んでいる理由がわかったよ。君には、こういった洗練されたシステムを理解することは無理なようだね」

「まあ、それは洗練されたものなのかもしれませんが――」無邪気な青年は言いました。「けれども、やはり紙には何も書かれていません」

部長たちは、その言葉が事実であることに気づき、同じことを言いはじめました。

「私もそこには何も書かれていないと思うのですが——」

「私たちは言いたくなかったのですが——」

「無能だと思われたくなかったものですから——」

その日のうちに、KNCコンサルティングから来た二人のいかさまコンサルタントは、ビルから追い出されました。

「ところで——」デヴィッドに部長の一人が言いました。「KNCって何の言葉の略だったんでしょう？」

「知らないよ」デヴィッドは正直に答えました。「だけど、彼らのシステムには驚くべきものがあったかもしれないよ。ところで先日、この新しいコンセプトについて読んだんだが——」

教訓

理解するには勇気がいる。しかし理解できないと認めるのはもっと勇気がいる。

知らない、わからないと認めることは弱さの証拠だと考えていた時期が、私にはある。しかし今は、黙っているより無知を認めることのほうがずっと強さを必要とすることを知っている。無知を認めると、たくさんの人が感謝してくれることにも気づいている。なぜなら、彼らもまた知らないからだ。

この物語、そしてこの物語のオリジナル、アンデルセンの『裸の王様』を題材に、自信、自分自身の能力を信じること、学習し理解すること、専門用語を用いること、などのテーマについて考えることができる。

質問

□あなたはKNCコンサルティングとよく似た会社を知っていますか？
□あなたは職場の仲間やコンサルタントと、どれほど親密に協力して働いていますか？
□あなたは何を聞くことを恐れているのですか？　なぜそれを聞くのが怖いのですか？
□あなたは何を知らないことを認めるべきでしょう？
□あなたが知らないことを認めたら、どうなりますか？
□コミュニケーションをシンプルでわかりやすいものに保つにはどうすればよいでしょう？

● 第43の物語 ● みにくいアヒルの子

昔々、みにくいアヒルの子がいました。

アヒルの子は自分がみにくいことを知っていました。なぜなら友達のそばを歩くたびに、笑われたりじっと見られたりしたからです。それに両親が、彼と兄弟たちとを比べるのを聞いたからです。両親は、彼のことをあまりよく言いませんでした。兄弟たちは、小さくてかわいくふわふわでした。ところがみにくいアヒルの子は、背がひょろっと高くて、首はやけに長いし、くちばしだっておかしな形だったのです。とにかく、みんなとは違っていました。そしてみにくいアヒルの子はそれがとても嫌だったのです。

みにくいアヒルの子は夏に生まれたのですが、それはこの田舎では素晴らしい時期でした。小麦は金色に輝き、草も木々の葉も青々としています。お母さんアヒルは誇らしげに、新しくかえったひなたちを連れて農場の庭を歩きました。そこは日がよく当たり暖かでした。

ところが庭にいた他のアヒルやニワトリたちは、みにくいアヒルの子を一目見て言いました。

「あのアヒルの子はいったいなんだい。とんでもなく大きくて、みにくいじゃないか。あの足からみて、きっと七面鳥の子どもだよ」

彼らはかわいそうな、みにくいアヒルの子を、押したり引っ張ったりけっ飛ばしたりして、庭の隅から隅へと追いやったので、とうとうアヒルの子はそれ以上がまんできなくなり、一目散に庭から走り出ると、生け垣を越え、田園を横切って隣の村まで行きました。

「僕があんまりみにくいから、みんなが僕を嫌うんだ」

かわいそうなアヒルの子は走りながら泣きました。それでも走り続けていると、やがて野ガモの住んでいる大きな沼についたので、そこでしばらくの間隠れていました。ところがついに、野ガモたちはアヒルの子を発見し、まわりに集まってきて言いました。

「君はいったい何者だい？　僕たちの仲間じゃないってことは確かだな。さあ、出て行ってくれ。あの丘を越えたところにも沼がある。多分そこのほうが、君には合うよ。そこのやつらは、そんなに選り好みしないから」

野ガモたちは、笑ってジョークを飛ばしながら、みにくいアヒルの子を押したりけったりし、とうとう沼から丘へと追い出しました。

「野ガモたちは正しいかもしれない」かわいそうなアヒルの子は、苦労して丘を登りながら、つぶやきました。「僕にはどこか他の場所のほうが合うかもしれない」

ちょうどその時、頭の上で突然パーンという音がしました。恐ろしいことに、アヒルの子はハンターたちに囲まれているのでした。おまけに、彼らが狙っているのはどうも自分のようなのです。アヒルの子は走りに走り、なんとかアシの密生する水辺までやってきました。ハンターたちが興味を失いどこかへ行ってしまうまで、長い間ずっとそこに隠れていたのです。

「あの人たちは僕があまりにみにくいから、僕を狙ったんだ」アヒルの子は、そうつぶやくと再び歩きはじめました。畑を越え、丘を越え、牧草地を越え、とぼとぼと歩き続けたのです。そうこうしているうちに秋が近づき、風がどんどん強くなってきました。そのため、アヒルの子はなかなか前に進めなくなっていきました。

ある日暗くなりかけたころ、アヒルの子は、森のはずれの、今にも倒れそうな小さな一軒家にたどりつきました。アヒルの子はあまりに空腹で疲れていたし寒かったので、家の中で食べ物をさがし、暖を取ろうと考えました。アヒルの子は、誰も起こさないように、静かにドアのすきまから忍び込みました。この家には一人のおばあさんが、ネコとニワトリと一緒に住んでいましたが、アヒルの子が入ったとたん、そのおばあさんが目を覚ましてしまったのです。

「いったい何が入ってきたんだ?」おばあさんは金切り声でわめきながら、アヒルの子を部屋中追いかけまわし、ほうきの柄でぴしゃりと打ちました。


自分がこの家の主だと思っているネコは、アヒルの子を壁に追い詰め言いました。

「お前は役に立つかもしれないな——お前は卵を産むかい?」

「わかりません」アヒルの子はおそるおそる言いました。「でも努力してみます」


彼らは試しに三週間だけアヒルを飼うことにしました。けれども三週間たっても卵ができなかったので、おばあさんはアヒルの子を家から追い出しました。

「とっとと出て行け、この役立たず!」

「おばあさんは正しいかもしれない」アヒルの子は再び逃げながら、心の中でつぶやきました。

「僕は役立たずなのかもしれない。僕は自分の仲間たちと、どうもしっくりいかなかったし、ネコやニワトリともだめだった。でも世の中には僕を理解してくれる誰かがいるはずだ」


アヒルの子は悲しげに言いました。雨はどんどん強くなり、アヒルの子は鼻をすすりはじめました。

「僕は広い世界に出て、僕の本当の家族を探すんだ」


アヒルの子はふたたび歩きはじめました。丘を越え谷を下り、野原を横切り、村を通り抜けて。

冬が近づいていて、ひどく寒くなってきました。しばらくさまよい歩いたあと、アヒルの子は湖を見つけ泳ぎました。やっと少し元気が出たのですが、どんどん寒くなるにつれ、水面が凍ってしまわないように、泳ぎ続けていなければならなくなりました。日中は、畑や道端で得られるほんの少しの食べ物や、通りすがりの村人が残していったパンくずを拾いました。アヒルの子は、冬の間ずっとこんなふうに惨めに暮らしていたのです。

ついに春が来ました。氷は溶けはじめ、太陽はふたたび輝きはじめました。湖のそばで疲れきってすわりこんでいたアヒルの子は、翼を持ち上げ、長い間感じたことがなかった力強さで羽ばたきしました。アヒルの子が身体を伸ばし周囲を見まわすと、湖の向こう側に三羽の美しい鳥がいました。鳥たちは滑るようにこちらに向かってやってきます。アヒルの子はそれらが白鳥だということを知っていました。そして、他のアヒルやニワトリやおばあさんや、そのネコなどよりは、白鳥にいじめられたりぶたれたりするほうがよほどましだと思ったので、白鳥たちに向かって泳ぎはじめました。けれども、最悪のことを覚悟して頭を垂れたちょうどその時、アヒルの子は湖面に映った自分の姿を見たのです。驚いたことに、アヒルの子を見つめ返していたのは、やたらと長い首とおかしな形のくちばしを持つ、ひょろっと背の高い生き物ではありません。彼もまた、白鳥だったのです。

三羽の白鳥が彼のところに挨拶にやってきた時、この若い白鳥は、去年、自分がみにくいアヒルの子だった時に耐え忍んできたさまざまな苦労を思い、今はなんて幸福なんだろうと感じました。

「ところで――」若い白鳥は、彼の周りに集まってきた美しい鳥たちを見て思いました。「この鳥たちも、やはりみにくいアヒルの子だったんだろうか？」

教訓

私たちは誰もが、みにくいアヒルの子にも白鳥にもなれる。それはすべて自分自身の見方によるのである。

『みにくいアヒルの子』は原作者ハンス・クリスチャン・アンデルセン自身の人生から切り取られたものではないかと思われる。非常に貧しい家に生まれたアンデルセンは、子ども時代に苦労を味わい学校でもいじめられるが、やがて援助を受けコペンハーゲン大学で学位を取ることになった。

オリジナルを短くしたこのバージョンは、自己評価という問題に取り組もうとしている人にとって、強力なメタファーとなるだろう。この物語を題材に、自己評価、自己イメージ、自信とアイデンティティなどのテーマについて考えるとよいだろう。

質問

□あなたは自分を「みにくいアヒルの子」だと思いますか？　あなたの知っている人に、自分のことを「みにくいアヒルの子」だと考えている人はいますか？
□あなたはどうすれば美しい白鳥になれるでしょう？
□それはいつ起こるでしょう？　あなたが気づかないうちにすでに起こったのでしょうか？
□あなたの自己イメージは正確ですか？
□あなたに建設的で客観的な意見を与えてくれるのは誰でしょう？

・第44の物語・ あなたは合格しましたか？

十年ほど前、私はイギリス北部のトレーニング機関で、神経言語プログラミング（NLP）のプロ養成コースを受けました。そこで私が学んだことの一つは、自分が盛んにネガティブな「内面的対話」をしているということでした。内面的対話とは、ちょっと口やかましい内なる声のことを指しています。それは機嫌の悪い日の母親のような口調で、たとえば次のようなことを言うのです。

「なんて馬鹿なの、信じられない」

「あーあ、またへまをやったのね」

「それって、あなたらしいわ。あなたはいつだって間違えるのよ」

定期的にこのようなメッセージを聞くことに、何のメリットもありません。最悪の場合には、その人の自己評価や自信を決定的に傷つけかねないでしょう。

このコースを数カ月受け、そして最終評価の日が訪れました。受講者は全員、すでに一連のテストを終えています。どんな評価もそうですが、評価を待つのは神経が疲れます。でも私は多分合格しているだろうと思っていました。

私たちは一人一人交代で、トレーナーとアシスタントの二人と個人面談を行い、そこで成績評価を受け取るということでした。

ついに私の番がきたので、私は緊張してノックしました。

「どうぞ」ドアの向こうから声が聞こえました。

私は部屋に入り、二人のトレーナーの前に置かれているイスにすわりました。

「ええと——」と先生が言いました。私はそれを、仕方がないわねという嘆きだと受け取り、最悪を覚悟しました。「あなたは合格しましたか?」

先生の質問を理解するには一、二分かかりました。「もう一度言っていただけますか?」これは私が予期していたフィードバックとは違いました。

「あなたは合格するに値しますか?」今度は先生のアシスタントが質問しました。

彼女たちの質問に私はすっかりたじろぎました。「私は、あの……そうだと思います。つまり、私は多分……」言葉までつっかえてしまいます。

「ポイントはね――」言葉を続ける先生の目が、きらりと光りました。「私たちはあなたがこのコースに十分な成功をおさめたことを知っています。でも、私たちが知りたかったのは『あなたはあなたが成功をおさめたことを知っていますか？』ということなの」

私はこの質問に、今でも答えを出せないでいます。

教訓

あなたの内なる声はあなたの味方？　それとも誰か他の人の？

一般的に自分自身にかけている言葉（＝内的対話）の約八〇パーセントがネガティブな内容だと言われる。なぜ私たちがこのような形で自分自身を破壊しようとするのか、誰もまだ解明してはいない。しかしこの事実はもっと真剣に考える必要があるだろう。考えてみてほしい。私たちが自分自身に話しかけるように友だちに話しかけたら、友達がいなくなってしまうということなのだから。

質問

□あなたの内なる声はどんなことを言っていますか？

□あなたは自分自身にどんなタイプの言葉をかけていますか？　それはポジティブですか、ネガティブですか？

□それは前向きであなたの役に立つ言葉ですか？

□どうすればあなたの内なる声を、将来のために役立つものにできるでしょう？

□他の人々はどのようなタイプの内なる声を持っていますか？

・第45の物語・

どんぐりの法則

「どんぐりの法則」とは、自分の生まれつきの能力を活かした場合に、最も大きく早く簡単に成長できるのだというものである。

人は、自分が望むように相手を変えようとしがちである。しかし、本当にすべきことは自分が望むように相手を変えることではない。他の人の内面を見て、その人の内側にどんな種があるのかを知ることである。

木と同様に、人間一人一人も種を持っている。多くのマネジャーが逆を行っている。彼らはある人の内部に見つけた小さなどんぐりを見て、こう言うのだ。

「どんぐりよ。私は君には可能性があると思う。少々の勉強とトレーニングで、君はとても大きなセコイアになれる」

実際は、どんぐりは樫の木にしかなれない。しかし、正しく成長させれば立派な樫の木になれるのだ。

ところが、誤った考え方のマネジャーはしつこくこう言う。

「どんぐりよ。君のためにしてあげられることを言おう。私は君のセコイア能力を伸ばすために君と一緒に努力するつもりだ。まず、このテープを聞いてもらいたい。ノーマン・ヴィンセント・ツリー博士の『ポジティブなセコイア思考のパワー』だ。それからこの本には、歴史上の偉大なセコイアたちの伝記が集められている。彼らから学ぶんだ。セコイアとのネットワーク作りもはじめたほうがいい。セコイアをランチに誘い、彼らがどんな人間かを探ったり、彼らの秘密を聞いたりすればいいんだ。君のために書いた自己肯定の詩を、毎日声に出して読むようにしなさい。ちょっと読んでみるよ。『私はセコイア、大きくて立派なセコイア。私の力強い枝はみんなを守っている。私はとても親切だし頭もいい。だからみんなに好かれている』」

では、このどんぐりは成長したら何になるだろうか？　誰に聞いてもたぶん樫の木という答えが返ってくると思う。しかし樫の木は樫の木でも、とても自分に自信のない樫の木だ。なぜなら、このどんぐりは、本来の自分、そのままの自分でいてはよくないというメッセージをずっと受け続けてきたからだ。自分とは違う何かに、そしてなることが不可能なものにならなくてはいけないというメッセージをずっと受け続けてきたからだ。

　けれども、もしこの同じマネジャーが異なる方法をとったとしたら、どうだろう？

「まず、この人物がどんな資質を持っているかを見つけよう」

　続けてこう自問したとすれば？

「私はその資質をどのように伸ばしてあげられるだろう？」

「この人物の生まれつきの才能を見つけ、そのための能力開発プランをつくるには、どうすればいいだろう？」

　もしそうなら、マネジャーはどんぐりに次のように言ったことだろう。

「これは『ポジティブな樫の木思考のパワー』というテープだ。これは、君に参考にしてもらいたい、成功した樫の木について書かれた本だ。樫の木能力開発セミナーにも申し込んでおいたよ。他の樫の木とのネットワーク作りもはじめたほうがいいね。君のために、樫の木の才能を伸ばす自己肯定《アファーメーション》の詩も書いてあげたよ」

　もしマネジャーがこのようにしていたら、彼の人材育成テクニックは大きな成果をあげていただろう。なぜなら、彼が育てたのは、すでにそこにあった資質だからだ。自分自身や他の人の中にある種を見つければ見つけるほど、その人たちの本来の姿を尊重するようになり、彼らの本当の可能性を開発するための、自然な成長を促すことができるようになるのである。

教訓

なんじ自身に忠実であれ。

私は多くのリーダーが部下に、彼ら自身のものではない目標を達成するように励ましているのを聞いてきた。そもそも「励ます」と言っても、実際は「強要している」にすぎない。それに誰もがリーダーになれるわけではないし、実際、それを望んでいるとも限らないのだ。

この話は、いかに「リード」しないかということの大切さを示唆する素晴らしい物語だ。この物語を題材に、個人のアイデンティティと成長の関係や、適切な目標設定といったテーマについて考えてみよう。

質問

□あなた（またはあなたの知っている誰か）は樫の木ですか、それとも巨大なセコイアですか？
□あなたの生まれつきの能力は何ですか？
□他の人の生まれつきの能力をもっと見つけるにはどうすればいいでしょう？

□あなたはその能力をどのように育てることができるでしょう?
□あなたは人を無理に成長させようとしたことはありませんか?
□あなたは、あなたのものではない目標を達成するよう、人から強いられたことがありますか?

● 第46の物語 ● 隠された黄金

バンコクのワット・トライミットという寺には、黄金の大仏と呼ばれる有名な仏像があります。純金でできた二メートルほどの高さの素晴らしい仏像です。

しかしその外見は、昔はこのような姿ではありませんでした。完全に漆喰におおわれ、くすんだ色をしていたのです。ある僧が、漆喰がところどころ剥がれているのに気づき、仏像の掃除と修復をしたとき、はじめて本当の姿がわかったのです。

漆喰の剥がれたところを調べると、何か黄色く輝くものがちらりと見えました。さらに調べてみると、それまで思われていたような価値のない漆喰の像ではなく、純金でできた大仏であることがわかったのです。今では、昔の僧たちがこの像を略奪者から守るため、薄く漆喰をかぶせてカムフラージュしたのだと考えられています。

そういう経緯で、バンコクの黄金の大仏は、現在の素晴らしい姿に修復されました。今日それを見る人は、その穏やかで威厳のある顔に、今もなお幸福に満ちた微笑が浮かんでいることに気づくでしょう。長い間ずっと素晴らしい秘密を保ってきたのですから。

教訓

本の表紙から中身が判断できるとは限らない。

だいぶ昔の話だが、私はバンコクを訪れたことがある。そこは色と匂い、そして音に満ちあふれた素晴らしい都市だった。そして数多くの寺への訪問は、心休まる気分転換の時間になった。これは隠された秘密の宝に関する実話だ。バンコクにはこのような話がきっとたくさんあることだろう。

この物語を題材に現実と自己評価の関係、隠された才能や潜在能力をどう見つけるか、といったテーマについて考えてみるとよいだろう。

質問

□あなた（またはあなたの知っている誰か）は、黄金の資質を隠していますか？
□その黄金は、なぜ人目から隠されているのですか？
□その黄金が明るみに出されると、何が起こるでしょう？
□内なる黄金を表にあらわすには何が必要でしょう？
□他の人は、自分で気づいていないどんな才能や技術を持っているでしょう？
□あなたは他の人がその価値を明らかにするのを、どのような方法で助けることができますか？

・第47の物語・大きなかぶとネズミの物語

「大きなかぶ」の物語はご存じの方も多いと思います。これはその後日談です。おじいさん、おばあさん、おばあさんの孫娘、イヌ、ネコとの胸おどる体験のあと、ネズミは旅に出ました。

ネズミは行った先々で、誇らしげにその体験の話をしました。最初のうち聞き手たちは、話に夢中になりその結果に喝采しました。けれども同じ話を何度も繰り返し聞いているうちに、誰もがネズミの話に興味をなくしてきたようでした。何度も聞いているうちに、ネズミが自分一人の力で成功したように思っていることがわかったので、みなうんざりしてきたのです。そして自称「村一番のかぶ引き」であるというネズミの言葉を、誰もまったく信じなくなりました。そして笑いながらこう言ったのです。「君のようなちびっ子が、どうやって役に立つんだい?」

何カ月かが過ぎ、あざけりの言葉がじわじわとネズミの心に威力を発揮しはじめました。ネズミもまた、自分自身の価値に疑問を抱きはじめたのです。

ある日、ネズミは悲しく落ち込んだ気分で村の家に帰り、長い草の中で寝転んでいました。それは年に一度の野外パーティの日で、誰もが歌い、踊り、ゲームをして楽しく過ごしていました。ネズミは、いかにも野外パーティのイベントを眺めているように見えたかもしれません。でも実際は、この前ここにいた時のことを、そして大きなかぶを引き抜いたチームの一員であることを誇らしく感じていたことを思い出していたのです。それと比べ、今はなんと孤独なことでしょう。

その時、ネズミは突然目の前に、おじいさん、おばあさん、おばあさんの孫娘、イヌ、そしてネコがいることに気づきました。そして信じられないことに、彼らは綱引き大会に出場していたのです。彼らは綱をうまく引っ張れていませんでした。

最後の勝負がはじまろうとしたときに、彼らは長い草の中にいるネズミを見つけ叫び声をあげて言いました。

「おーい、ネズミくん、君じゃないか！　僕たちのチームを完成させるには君が必要なんだ。ぜひともチームに加わっておくれ！」

彼らはネズミに走りよると、取り囲んで彼を抱きしめました。ネズミは皆から認められたことにわくわくし、ひとりぼっちではなく、チームの一員であることの喜びを思い出しました。ネズミは、いたずらっぽく恥ずかしげに微笑みながら、ひげの奥でささやきました。

「オーケーだよ。さあ、かぶを引っ張ろう！」

その言葉に皆が笑いました。そして前回うまく力を合わせて成功した時のことを思い出しながら、それぞれが自信を持ってロープを手に取ったのです。

教訓

チームにはメンバー一人一人の貢献が必要であることを認識しよう。

「大きなかぶ」の物語は、多くの方が大好きな話の一つだという有名なロシア民話だ。物語はまず、おじいさんとおばあさんが、それからおばあさんの孫娘、イヌ、ネコ、そして最後にはネズミまでが加わり、力を合わせてかぶを引き抜くという「累積童話」と呼ばれる繰り返し話である。物語の最後は「そしてその夜、みんなは一緒に、おいしいかぶ料理を食べました。そのときテーブルの上座に座っていたのはネズミだったのです」という言葉で終わる。

この続編は友人から勧められて書いたものだ。この物語を題材に、個人とチームの両方で成功することと、自尊心を培うこと、チームワークと功労への承認《アクノリッジメント》といったテーマについて考えてみよう。

質問

□あなたのチームはメンバーの全員が、成功に対するなんらかの報酬を与えられていますか？
□チームの成功はどのような形で祝われますか？
□あなたのチームにネズミはいますか？
□チーム全体ではなく選り抜きの一人に報酬が与えられたことがありますか？　もし、あるならそれは公平だったでしょうか？
□あなたのチームは、今までのどの成功から、将来の教訓を得ることができますか？

●第48の物語● 赤い首

イギリスの南部で上司と一緒に仕事をしていた時のことです。彼女はたくさんの重要なプレゼンテーションをひかえており、そのためのスキルを向上させたいと考えていました。そのため私たちはプレゼンテーションの指導を受けました。準備すること、腹式呼吸をすること、そして自分自身にポジティブに話しかけることの素晴らしい効果を教わりました。

「みんな結構なことよ――」上司はややいらついた感じで言いました。「でもね、問題はプレゼンテーションじゃないの。ただ、私は緊張すると――」彼女はここで、ことの重大さを理解させようとするかのように、間をおきました。そして深刻な口調で言ったのです。「緊張すると私、首が赤くなるの」

彼女の言い方ではまるで致命的な病気のように聞こえます。でも私には彼女の言いたいことがわかりました。皆さんもおわかりのことと思います。彼女が言っているのは、首や顔に赤い斑点ができはじめると、まるでそれら自体が命を得たかのように、巨大なじんましんのような状態になることです。これは純粋にストレスに対する反応です。しかし、そんな知識があっても、冷静にうまくやるために役立つものではありません。

「それから私に自己肯定《アファメーション》のことを言っても無駄よ——」彼女はほとんど挑みかかるように言いました。「試したけどうまくいかなかったんだから」

興味をそそられた私は、質問しました。

「あなたが自分にどんな言葉をかけたのか、そのままの言葉を聞かせてもらえますか？」

彼女はためらわずに堂々と答えました。

「赤首になってはいけない。赤首になってはいけない」

「それで、結局どうなるんですか？」私は質問しました。

「赤首になるの」彼女はあきらめたような口調で言ったのです。

なんとも、驚きです！　この女性が行っていたことは「自分がこうなってほしくないと思うこと」の強化であり、つまり実際には、自分の脳に「赤首になれ」と言っているようなものだったのです。自己肯定《アファメーション》の原則の一つは「個人的で、ポジティブで、現在形」の言葉でなくてはならないということです。たとえば「私、マーガレットは今落ち着いてポジティブに考えている」というように。

もしあなたが「クリームケーキは欲しくない」「大きなグラスでワインを飲んではいけない」「もうタバコは一本も吸いたくない」といった言葉を自分にかけることで何かをやめようとしているなら、お気の毒ですが、あなたは失敗するでしょう。

この女性が、彼女の赤い首のことを話している時に、何が起こったと思いますか？　そう、そのとおりです。彼女の首は見る見る赤くなったのです。赤い斑点が彼女の頭のてっぺんまで急激に広がっていくのを見ながら、見ないふりをして話を続けるのは至難の業でした。思わず吹き出して「まあ大変。あなたの言ったとおりだわ。それじゃ、たまりませんね」と言ってしまわないように。もちろん私は、そんなことをするようなデリカシーのない人間ではありません。

それで、代わりにここに書いたというわけです。

教訓

自分が、自分自身の最大の敵になることがある。内なる声が自分の味方であるように注意しよう。

アファメーションとは、困難な状況にある時に自分自身を励まして、自信を持ち平常心を取り戻すために、自分にかける言葉のことだ。アファメーションのテクニックは、この十年くらいの間にぐっと一般的になった。これが非常に効果のあるテクニックであることは疑いないだろう。

問題はポジティブな言葉は効果的だが、ネガティブな言葉は逆にその作用を促す方向にはたらいてしまうこともあるということだ。結果はまさに、あなたの言葉にかかっているのだ。

この物語からアファメーションの正しい使い方、ポジティブ思考のパワーなどを学ぶことができるだろう。

質問

□あなたはどのようなアファメーションを用いていますか？　それらは効果がありますか？
□ネガティブな言葉で、気がつかないうちに自分をだめにしてはいませんか？
□あなたは、どのようなストレス状況下で、アファメーションを用いることができましたか？

第49の物語 ● 消防士のルール

イギリス北部にある空港のマネジャーたちに、対人スキルのトレーニングを行っていた時のことです。このトレーニングコースには、マンツーマン指導が含まれていました。そのセッションの一つで、私は若い消防士と、人に影響を与えるスキルについて、また彼がどのように他の人と関わっているかについて話し合いました。

「消防活動の第一ルールは何だと思われますか？」彼は私に尋ねました。

私はちょっとの間考えました。「そうねえ、消防の一番大事な目的は——人の命を救うことでしょ？」私は尋ねるような口調で、答えました。

「そうお思いになるでしょうね——」私の聡明な話し相手が言いました。「だけど、そうではないのです。消防士になる訓練を受けて最初に教わるルールは『自分自身を救え』なんです」

私が彼の言葉についてじっくり考えていると、彼が言いました。

「まず自分自身を救えないで、どうやって人の命を救うことができるでしょう?」

彼の言葉は核心をついていました。

教訓

自分自身を、他人と同じように大切にすることを学ぼう。

私は、他人の尊重と自己主張とのバランスで、いつも道徳的なジレンマのようなものに陥っている。しかし私はこの物語のとおり、私のトレーニングコースへの出席者の一人から、このジレンマについての一つの示唆を得た。

この物語を題材に、明確に自己主張し影響を与えること、自己評価を大切にするといったテーマを考えるとよいだろう。

質問

□あなたは自分自身を他人と同じように大切にしていますか?
□自分自身を大切にしていることを、あなたはどのような形で表現していますか?
□自分自身を大切にすることを、あなたはどのように感じていますか? 後ろめたく感じてはいませんか?
□あなた(またはあなたの知っている誰か)は、どのように他の人と関わっていますか?
□自己主張には、あなた自身の要求と他の人の要求のバランスが関わっています。あなたはこのバランスをうまくとっていますか?

●第50の物語●

最後の手記

私は、地元の講堂で開かれた「物語の夕べ」に参加してきたところです。

魔法の世界にどっぷりと浸るのは素晴らしいことでした。

そのとき私は癌に冒された女ではなく、おとぎ話の中で魔法の野獣と戦う、武芸に秀でたプリンセスなのです。

眼帯をして杖に頼る、いかにもぎこちなく感じられるこの身体が、健康で身軽になり、体力と魔法の力を駆使して離れ業をこなします。

家への帰り道、雲の隙間から太陽が顔を出し、どんなことでもできるのだと思えました。

教訓

物語のパワーは永遠に続く——。

この物語の筆者ルイーズ・アーサーは、若くて非常に有望な作家だったが、残念ながら癌のため二〇〇〇年の春に夭折した。ときに美しいと言いがたいこの世の中において、私は、彼女の気高さと心情の美しさに胸を打たれた。

この物語で自尊心、自己イメージと可能性を広げる信念、心の平静、といったテーマについて考えることができるだろう。

質問

□あなたはこの物語のどのような点に、共感することができるでしょう?
□あなたは、自分自身のことを語るのに、どのような言葉を使いますか?
□あなたの自己評価は、あなたが自分自身や他人のことを語るのに、どのような影響を与えますか?

□その言葉は前向きで正確ですか？

□あなたは自分自身の自己イメージをどのように変えたいと思っていますか？

第 II 部

・

個人の成長のために物語を活用する

How to Use the Tales

第 6 章

物語の機能と効用とは何か？

How Do Stories Work?

01

・物語の起源

◎物語は情報や知識を伝達する

物語の起源は、キリストの誕生よりずっと前、まだ文字のなかった時代にさかのぼる。当時の物語は、人から人、部族から部族、村から村へと情報を口頭で伝える手段だったのである。現在の我々が、テレビやラジオ、新聞やインターネットに頼っているようなものだったのだ。

中世になり、情報の持つ影響力が明らかになると、ストーリーテラーという職業が尊敬と賞賛を得るようになった。ストーリーテラーの中には頻繁に宮廷に出入りし、当時の王や女王に大きな影響力を持つものも現れた。また、奇妙な動物を物語に登場させ、政治的な出来事を巧妙に風刺するものもいた。彼らは報復を恐れることなく、権力者たちをからかうことができたのだ。こうしてストーリーテラーに対する需要が高まり、彼らの多くが豊かになった。

◎物語は世代を超えて情報を保存し教育する

ストーリーテラーの役割は情報を伝えることだけではない。歴史的なデータを保存して世代を超えて伝えることにも重要な役割を果たしていたのである。

古代には、部族が焚き火の周りに集まって、一族の英雄的な行動を語り伝えた。その話は人から人へと伝えられ、さざ波のように広がり、より多くの人が知るようになっていく。部族の文化的価値や歴史を象徴する物語は、彼らが自分の住む世界を理解しその一員であることを認識するのを助けたのである。

今日の企業でも（焚き火ではなく、コピー機の周りや社内食堂という違いはあるが）物語は同様の役割を果たしている。物語を分かち合い、共に泣き笑うことによって、コミュニティが築かれ、人々の結び付きが生まれるのだ。

ストーリーテラーはまた教育にも関わっていた。物語によって経験が世代から世代へと確実に受け継がれるのだ。年寄りが物語を語って若者を教育するという伝統は世界中のコミュニティに今も存在する。

現代の企業においても、物語による知識の伝達は行われている。「部族の長老」にあたるベテラン社員や、尊敬を集めるスペシャリストが、新入社員の研修やオリエンテーションで「わが社の思い出」を語る場合などがそうである。ストーリーがポジティブに熱く語られ、かつ企業の方向性と一致していれば、それは会社案内の冊子やビデオよりも、はるかに強力で効果的なメッセージとなる。個人的な物語とは、もっとも信頼でき記憶に残るコミュニケーションの形なのである。

◎物語は問題を明らかにし解決を促す

物語はカウンセリングや精神的なセラピーとしても用いられていた。悩みを抱えた人に、彼らの抱えるジレンマと類似性のある物語を提供し、その物語について静かに考えさせるという方法である。物語は、考えるためのメタファーや異なる視点を与え、直面している問題を明らかにさせると考えられていたのだ。

昔話や童話の中の人物は、心の中の葛藤を擬人化して具体的に表現している。そして、その葛藤がどのように解決されるのか、成長のための次のステップは何なのかを、繊細に表現しているのである。

昔話は、旅の途中の主人公を助けに現れる保護者的な人物を配することにより、聞き手に安心感を与えることが多い。そうした保護者的人物は妖精や天使などさまざまな形をとっていた。

この手法は現在でも心理療法の分野で、効果的に使用されている。物語は、クライアントを楽しませ、驚かせ、ショックすら与えて、人生観に何らかの変化をもたらすよう意図されているのである。神経言語プログラミングやゲシュタルト心理療法では、物語をクリエイティブな思考と問題解決のためのツールとして用いている。

02・物語の五つの効用

◎効用一　物語は学習効果を高める

文字が発明される以前の時代には、伝えられた情報を保存する手段がなかった。もちろん手紙もなければ、メモもEメールも本もない。

そうした必然性の中で、試行錯誤が繰り返され、情報を理解し記憶するには、心に鮮やかなイメージを描き、そこに情報を編み込むことがもっとも良い方法であると人々は気づいたのだ。そうして物語によるビジュアライゼーションの技術が進化した。

こうした技術の効果は、現在の脳の研究によって立証されている。学習力と記憶力は次の条件のときにもっとも高まるのである。

- 情報がコンテクスト（文脈）の一部や、ある全体像の一部として提示されている。
- 興味や好奇心がかきたてられている。
- 感情が揺さぶられている。

◎効用二　物語は理解を助けるパターンを提供する

私たちの脳は、目の前の出来事の意味、コンテクスト、パターンを見つけ出そうとする性質がある。考えること、話すことなどの知的プロセスを処理するのが大脳新皮質である。大脳新皮質はコンピュータよりもはるかに複雑なシステムで情報を分類・保管している。

何か新しいことを学習すると、大脳新皮質は既存のパターンと関連づけるか、新しいパターンを作り出し、後で取り出せるよう保管するのである。つまり概念的な枠組みを与えることにより、記憶の再現能力が高まるのだ。

子どもが繰り返しの多い物語を好むのも、このためだ。繰り返しは、脳の中にパターンを確立する。そして子どもたちは、親が言葉を間違えたらすぐに気づくようになるのだ。

ビジネスの場でも、部下にただ「優秀なマネジャーになれ」と指示するだけならば、てっとり早く簡単ではあるが、効果は薄い。物語で大きなコンテクストを与えることにより、はるかに思考が促され、記憶しやすくなる。

「経験は最大の教師である」というのは、よく知られた格言だが、物語が誰かの経験に基づくものであるなら、それは実際の経験から学ぶことの次に優れた方法だといえるだろう。

何らかの問題を抱えた人がいるとする。彼に起こった出来事が、それぞればらばらに起きた不幸な出来事だとするならば、彼はその出来事に何の意味も感じられないだろう。しかしある全体像の中の一部ととらえられれば、何らかの意味を感じられる可能性が生まれる。そのためにも物語の提供するコンテクストは意味があるのだ。

自分の抱える問題が、他の人の物語のパターンと類似していると思うかもしれない。たとえば、よく似た問題を抱えている誰かの物語や、同様の問題を抱えた人物がどう対処したかという話をしてもいい。また、関連するメタファーを含む昔話や逸話を選んでもよいだろう。クライアントがストーリーに含まれるパターンを認識し、自分自身とそれを関連づけたら、自己理解が深まり、問題に対処する方法を見つけられるようになる。

◎効用三　物語は好奇心を刺激する

情報が、すでに構築されたパターンに一致しない新しい形で提示されたときにも、私たちの学習力や記憶力は高まる。

パターンと一致しないとき、大脳新皮質は異質なものと分類し、脳のストレスレベルが上がる。もしその情報がネガティブな脅威と認識されれば、脳はコルチゾールを放出し、ポジティブならばアドレナリンが放出される。両方とも、記憶定着薬のような作用を持ち、通常よりもはるかに長く記憶を保てることがわかっている。

これは、メタファーが人に強力に作用する理由でもある。メタファーには「パターン破り」の効果がある。

「それは悪夢ね」「彼女は追い越し車線で人生を歩んでいる」「かれはテディベアだ」――あらゆるものがメタファーとなり得る。メタファーはまったく関係のない二つのものを結びつけ、その違和感が、緊張や不協和音を生み「頭にがんと衝撃を与える」のである。

つまりそれは「え、何？」というインパクトを与え、論理的で習慣的な思考から揺さぶり出すのである。

メタファーには人間の本質である「変化への抵抗」を和らげる効果もある。命令や指図をされていると感じた場合、人は防御の姿勢をとるものである。しかしメタファーという媒介によって、受け入れることへの反発が少なくなる。

メタファーが機能するためには、二つのものの間に適当な距離が必要である。あまり距離が近くて抵抗なく理解できるのもよくないし、距離が遠すぎてわかりにくいのもよくない。たとえば「彼女は追い越し車線で人生を歩んでいる」というメタファーは機能する。なぜなら、たいてい誰もが「追い越し車線」という概念を理解しており、人生に関してそれが何を意味するかがわかるからだ。けれども「彼女はサッカーボールの人生を歩んでいる」と言っても、おそらく機能しないだろう。なぜなら、距離が遠すぎて、関連づけられる情報が少なすぎるからだ。

物語も、広い意味ではメタファーである。物語の大まかなフォーマットや構成は、神話やおとぎ話どれをとっても基本的には同じである。物語の登場人物は、対処しなければならない何らかの問題に出合い、何らかの解決にいたるのである。

物語のフォーマットは、物語という旅におけるマイルストーンとして次のように表現できる。

1　現状——私たちが主人公と一体化する

2　きっかけ——何かが起こり現状のままでいられなくなる

3　探求の旅——課題に対処する

4　驚き――ストレスや脅威の本当の要因と出合う
5　重大な選択――板ばさみ状態によるジレンマ
6　クライマックス――決断し何かを選択する
7　方向転換――決断の結果として変化が起こる
8　解決――方向転換が成功する

物語の段階は、聞き手の課題（たとえば転職、昇進、新しい目標の設定、家庭環境の変化）と対比してとらえられる。物語の中の葛藤を、自分が取り組んでいるものと似ていると受けとめたら、物語のメッセージはより強くなる。物語を自己変革のツールとして用いるという方法は心理療法の世界では広く支持されている考え方だ。

◎効用四　物語は感情を揺さぶる

今日のビジネス社会で成功するには、知識や技術力だけでは不十分だ。むしろ私たちが開発しなければならないのは、自律性・共感する力・自尊心・モティベーションといったパーソナルスキルである。言い換えれば、自分自身を深く理解し、それを管理しなくてはならないということである。そしてそれを助けてくれるのがストーリーなのだ。物語は強い感情を引き起こし、ショックを与えることができる。ショックにより習慣的な行動パターンから抜け出すことができるのである。

物語はポジティブな感情を喚起するものを選ぶべきである。ポジティブな感情を呼び起こされると、人はその経験に共感し、また自分も話したくなるからだ。物語の中のポジティブな感情は、伝達力が強く、気持ちを高揚させるものとなる。物語は目的を伝え、それを達成するよう人を刺激するには最高の方法だと言ってよいだろう。素晴らしい物語は、個人と組織の意欲を高め、リスクを引き受け冒険する勇気を呼び覚ます。

物語がポジティブな感情とネガティブな感情のどちらをもたらすかを判断するためには、次の質問で、物語の効果を分析評価するとよい。

- この物語は、自尊心を高めたり、他の人への尊敬を生み出したりするだろうか？
- この物語は、ネガティブな気分を解消したり、ストレスを解消したりするのに役立つだろうか？
- この物語は、いい意味で人を揺り動かしただろうか？

◎効用五　物語はユーモアと共に情報を伝える

ユーモアは学習の強力なパートナーとなる情動である。大学の授業で、教師がユーモアをもって伝えると、その情報はより受け入れられやすく、教師と生徒の関係もよくなるという研究結果がある。また学生が、ユーモラスな物語のあとで重要な学習ポイントを学んだ場合、物語抜きの場合よりもはるかに学習ポイントを覚えていることも発見された。

人は面白い話が好きなものだ。一緒になって笑えば、緊張もほぐれるし、グループの場合は、メンバーに一体感を築くことにも役立つ。

第 7 章

物語の探し方

Finding and Using Stories in Coaching

01

・自分の経験から物語を探す

コーチングに使う物語は、どのように探したらよいのだろうか？

さまざまな人が私に「物語を集めるなんて、あなただったら簡単ですよね。毎日、いろんなことが起きるのだから」と言う。私の家には毎日魔法使いが現れ、庭にはドラゴンがひそんでいるとでも思っているのだろうか。

物語を探すのは、難しいことではない。物語は誰でも見つけられるものである。物語はどこにでもあるのだ。物語を見つけるためには、頭を「物語波長」にチューニングすればいいだけだ。つまり日々のルーティーンとして、物語の素材となりそうなものを見逃さず、受け止めることである。

さし当たっては、物語をどこで探せばいいか、いくつかのアイデアを紹介しておこう。

◎「個人の経験」から物語を探す

物語の多くは、まったく何でもない状況から生まれる。だから私は、常に「物語となる可能性」を考えながら、自分の周囲の状況を見つめることを習慣にしている。出来事が、語るべき物語となるかどうか、次のような質問で考えてみるとよい。

- その出来事に、私はなぜ意義があると感じるのだろうか？
- その出来事から私は何を学んだのか？　どのような原則や行動パターンが見られたのか？
- その出来事とビジネスの世界とに何らかの類似点はあるか？
- その物語は、誰の役に立つだろうか？　それはなぜか？
- その物語は人生にどのような変化をもたらすだろうか？
- その変化は、周囲の人々や企業にとっては望ましい変化だろうか？
- その物語はポジティブで建設的なメッセージを伝えるか？

優れたコーチはよい素材を、常に注意して探しているものだ。この質問は優れたコーチが内面で行っている思考プロセスを質問の形にしたものだ。私は多くのコーチから「物語が彼らを発見した」という話を聞いた。確かに、そうした出来事はしばしば起こるものだと思う。そのときたまたま取り組んでいる課題に関連するような出来事が、目の前に出現する確率には、私自身驚くくらいである。

しかしそれは驚くべきことではないのかもしれない。心理学者なら、脳のパターン認識機能がずっと働いていたからにすぎないと言うだろう。

先日、私はシンプルな「物語の可能性」に出合った。

私はひさしぶりに温室の苗に水をやった。かなり長い間、世話をしていなかったので、苗は意気消沈したようにうなだれていた。もう枯れかけていたかもしれない。

しかし水をやってから一時間たって、もう一度見たときには本当に驚いてしまった。その苗は奇跡のようにしゃきっとして、枯れかけたことなどなかったかのように、つやつやとした健康な姿に戻っていたのだ。

このことから私は、人材育成について考え始めた。ビジネスの場においても、虐待やひどい無関心のケースは少なくない。しかし私の苗と同様に、最低限の世話で成長し、花開く可能性がどれほどあることだろう。定期的に世話をしたら、さらにどれほど背が高くなるだろうか。

もう一つ別の「物語の可能性」の例を挙げよう。私の同僚の話だ。彼は私の親友でもある。彼と私が一緒に金融業者のためのワークショップを企画していた時のことだ。彼は自分で作ったパンフレットを私に送ってきた。よく考えてあって、しっかりとした出来上がりだったが、私は少しデザイン性が欠けるように感じた。そこで私は、切り抜きを張ったり、見出しをつけたりと、本腰を入れて手を加えたのである。

パンフレットは仕上がったときには、まったく別物になっていた。そして友達の落胆した顔を見たとき、私はシェールが主役を演じていた『恋する人魚たち』という映画の中の話を思い出したのだ。

シェールが演じたエキセントリックな母親ミセス・フラックスは、娘が新しいボーイフレンドに好印象を与えるために作った普通の形のサンドイッチを、かわいくするためという理由で星形やダイヤモンド形のビスケットの型でカットしたのだ。娘ががっかりしたことは言うまでもない。

私はそのエピソードを彼に話し、共に笑いあった後で、彼のがっかりした気持ちが今はよくわかると彼に言った。その日は、私たちにしかわからない新しい言葉（ミセス・フラックスのパンフレット）ができただけでなく、私は誰のパンフレットにも、うっかり手を加えてはいけないことを学んだのだった。

このように、物語の底に流れる教訓や原則を発見した時に、その素材が機能するかどうかが判断できる。私がミセス・フラックスの例から得た教訓や原則は、次のようなものだ。

- 私は他の人のものの見方を察知できなくてはならない
- 私は他の人を信頼し尊敬していることを示さなくてはならない
- 誰もが異なるやり方を持っており、私のやり方がベストとは限らない
- その人なりの方法で、ものごとを行えるようなエンパワーメントが大切だ
- 私は、方法ではなく、結果に重点を置かなければならない。それが一番重要なのだ

自分の過去の出来事から物語を探す時には、成功談ばかりを選んではいけない。完璧で非の打ち所のない人生を歩んでいるなんて、共感を得られずメッセージも伝わらない。自分がいかに素晴らしいかを話そうとするパターンに陥る人は少なくないが、そんなことをしても相手の気持ちを遠ざけるだけだ。自分の失敗や間違い、弱さやもろさを打ち明けるほうが、人ははるかに慕ってくる。結局、あなただって彼らと同じ人間なのだ。

私が、よく話している失敗談の一つをご紹介しよう。

数年前、私がプレゼンテーション・スキル研修の講師を務めた時のことだ。その研修で私は一

分の隙もないミス・パーフェクトであろうと振る舞っていた。

講座も中盤に差しかかった時、とても静かで、やや沈んだ感じの受講者の前で、私はフリップにつまずき、何もかも派手にひっくり返してしまったのだ。

私は、誰にも聞こえないと思っていたので、歯ぎしりしながら怒りをこめて「くそっ！」とつぶやいた。襟にマイクを付けているのを、完全に忘れていたのだ。

しかし私は、そのミスのせいで信用を失うこともなかった。反対に、自然に起こった拍手に迎えられ、驚いたくらいである。おまけに、聞き手と私の関係も見違えるようによくなったのだ。

自慢にもならない話だが、この話をするのは、プレゼンテーションをすると考えるだけでパニックに襲われるような人が（つまり普通の人だが）、私の話に自分を重ね合わせ、勇気づけられ、学んだことを自分自身のビジネスライフに取り入れてくれるからだ。

この話を聞いた人たちが得たというメッセージの典型的なものを次に挙げる。

●プロの話し手でも失敗する
●失敗することもある、でもそれで終わりというわけではない
●へまな部分を見せることが、時には信用性を高め、場の雰囲気をよくすることにつながる
●ユーモアは、話し手と聞き手を一つにし、よい関係を築かせる

02

・身の回りから物語を探す

◎「友達や家族」から物語を探す

あなたの友達や親戚・家族の中にも、喜んで物語を語ってくれる人がたくさんいるだろう。そうした話を録音するか書き留めるかしておくのは大切なことだ。そうすればそれらを失わないですむ。私は家族の話をもっと文字にしておかなかったことを、本当に後悔している。父も母ももう亡くなってしまった。彼らはとても話し上手だったのに。

作家のペグ・ノイハウザーは、彼女の著書『Corporate Legends and Lore』で、彼女の祖父と、彼女の家族の中で「グランドキャニオン物語」と呼んでいるエピソードについてこう書いている（第21の物語　「グランドキャニオン物語」参照）。

「話に名前がつけられると、それは家族の中で本当に意味あるものになるのよ」

どんな家族にも、ずっと話題になる話の一つはあるだろう。それは、家族の間だけで通じるジョークとして、そしてある状況を表す略式表現としても機能する。たとえば「あれは本当に『グランドキャニオン的』な出来事だったね」という言葉だけで、誰もがその意味するところを理解してうなずくことができるのだ。

自分の家族の物語は記録しておく価値がある。ほとんどの人が、家族的な状況には、自分との関連を見出すことができるからだ。

◎「映画やテレビ」から物語を探す

最近の映画やテレビ番組の話をするのは自然なことだし、たいていの人が興味を持つ話題だ。しかしニュースでとりあげられる話の大半は、センセーショナルなものだったり、人生のネガティブな側面に焦点を当てたものだ。ポジティブで建設的な話題を選ぶよう注意しなくてはいけない。物語は心を高揚させるためにあるべきで、前向きに考えさせるものでなくてはならない。物語の目的は意気消沈させることではない。心を動かすストーリーを持ち、クライアントのニーズに合わせることのできる話題を選ぶようにしよう。

◎「寓話」から物語を探す

イソップ物語は何千年も前に書かれたものだが、そのメッセージは当時と同様に今日でも、新鮮で力強く感じられる。実際、私たちがよく使っているフレーズやメタファーの多くが寓話に由来するものだ。たとえば『オオカミ少年』『ウサギとカメ』など。寓話は書店や図書館で簡単に入手できる。子どものコーナーと民俗学コーナーの両方を見てみるとよいだろう。

◎「民話やおとぎ話」から物語を探す

子どものいる方なら、世界中に散らばるこのカテゴリーの膨大な数の物語の価値を認められるに違いない。娯楽面だけでなく、おとぎ話の多くが教訓的なメッセージを秘めている。それらは現代的なものである。

たとえば『みにくいアヒルの子』は、低い自己評価にいかに対処すべきかを説く典型的な物語だ。『眠り姫』は、自分の中にあるのに、なんらかの理由で避けている（つまり眠っている）側面に直面する方法を伝えている。

◎「神話や伝説」から物語を探す

「パンドラの箱」「アキレス腱」など、よく使われる慣用句の多くが、古代の物語の宝庫から引き出されたものだ。ある出来事や問題の概略を、他の人と共有するのにとっておきの略式表現である。

しかし神話的な物語は、たいてい長くて、ときに複雑だ。物語として使うには、よりしっかりとした準備が必要になる可能性が高いと言えるだろう。

◎「同僚や部下」から物語を探す

私はよく「ある人のことを思い出しました。その人は……」という言い回しを使っている。そしてそこから物語をはじめるのだ。ある人物が困難な状況からどのように抜け出たかを、他のよく似た状況にある個人に話すことは、効果があることが多い。

しかしながら、ある人に効果のあったやり方がすべての人に効果があると考えるのは危険だ。それは相手に、型にはめられているという思いや、他に方法がないという思いを抱かせるだけで、ポジティブな効果を与えない。

あなたが「ああ!」と思う話（つまりあなたを感動させる話、あなたを面白がらせる話、あなたの好奇心をそそる話）に出合ったときには、自分の作品集を作るつもりで、どこかにメモをとっておこう。それを習慣にしておくといい。私の経験からいっても、紙かコンピュータに残しておかないと忘れてしまうものだ。

第 8 章

物語を話す

Telling the Tale

01

・物語の世界に聞き手を引き込む

「物語を話す」というのは相互作用的な技術である。つまり語り手と同じくらい聞き手も重要な役割を担っている。リスナーの心は「語り手が物語を描くキャンバス」なのである。

語り手は、小道具や衣装、舞台セットなどを使うわけではない。聞き手が心の中にイメージを作り出さなくては、物語に没頭し、理解することはできないのである。だから物語は聞き手にとっても、受動的というよりは、むしろ能動的な活動なのである。だから語り手と聞き手の関係は、親密さと信頼がなければ成り立たない。

「クリック・クラック」というかけ声をご存じだろうか。その昔、物語がはじまることを聴衆に知らせる合図として使われていたものである。注目を集めるために、語り手は聴衆に「クリック」

と叫ぶ。そして集まった人々から、心を集中し聞く態勢が整ったことを意味する「クラック」という返事が返ってきたところで、物語を話しはじめるのである。この儀式は聞き手を物語という「旅」に招待する語り手たちのテクニックだったのだ。

　現代の語り手、講演家やコーチもこうしたテクニックを使っている。ある講演家は、聞き手に向かって「いいですか？」と聞いて「はい」「いいですよ」という言葉を待つという方法を使っている。物語をはじめる合図に鈴などの「音」を使うストーリーテラーもいる。物語を話す前に、しばらく沈黙し静寂の時間を作るというのも、シンプルで効果的な方法だ。

　コーチングは演技ではない。しかし、聞き手に許可を求め、受け入れ態勢ができたという確認をするのはよいことである。ストーリーテラーとリスナーとの信頼度・親密度は、常に確認すべきことなのだ。

　親密さがなければ、聞き手を受容的な状態に誘い込むことはできない。面白い噂話を分かち合っているという雰囲気で話をはじめるのも、親密さを築くためには有効な方法だ。

　これとは正反対の、私が目にした例をご紹介しよう。あるワークショップで、かなり騒々しい聴衆を集中させようと、講師がむなしく頑張っていた。彼女は明らかにいらいらした様子で、騒音に向かって声を張り上げた。

「話を聞いていただけますか！」

リスナーは静かにはなったが、無理やりそうさせられた感じだった。彼女の感情の爆発は物語を聞くうえで必要なクリエイティブで揺らぎのある遊び心を押さえつけ、理性的な分別を呼び覚ましてしまったのである。

それでは、聞き手との間に、この親密さを築くにはどうすればよいのだろう？　相手が個人であれグループであれ、学習効果を高める目的で物語を使う場合の原則の一つは、物語を探したり語ったりする際に、あなたの好みと、聞き手のニーズのバランスをとることである。私には、この両方が等しく重要に思えるので、それぞれの視点を順番に見ていこう。

02 ・語り手の視点

まず、語り手のことから考えよう。重要なのは、語り手が自信を持って話すこと、そしてまた聞き手からも自信を持っているように見えることである。これを実現するには語り手が選んだ素材が共感を持って迎えられ、実際に役に立つという確信がなければ、難しいだろう。よって、どの物語をどのように使用するかを決めるには、次のチェックポイントを考慮することが大切となる。

【物語を決めるチェックポイント】

1　**その物語は使いやすいか？**――どの物語をどう使用するのがもっともやりやすいかを判断する。自分の逸話を語るのか、それとも誰か他の人の逸話を語るのか？　テキストをそのまま読むのか、わかりやすく言い換えるのか、何らかのオーディオ素材を用いるのか？

2　**その物語はあなたを感動させたか？**――次に、自分自身の聞き手になる。読み、聞き、自分自身で物語について考え、自分自身の反応を確かめる。それはあなたを感動させたか？　考えさせたか？　悲しませたか？　怒らせたか？　面白がらせたか？　メッセージははっきりしているか、それともあいまいか？　メッセージは一つか、それとも複数あるだろうか？

3　**その物語はどのように使うのか？**――選んだ物語を、どのように使うのかを考える。声に出して読むのか？　それとも、事前に渡しておいて、考えておくように命じておくのか？

4　**その物語は話しやすいか？**――黙読するにはよいけれど、声に出して読むのは難しい物語もあれば、その反対もある。それを知る唯一の方法は、声に出してリハーサルすることだ。語り手が口ごもったり、つかえたりしては話の流れを損なって、聞き手の思考を妨害しかねない。彼らは物語の内容やメッセージより、あなたの話しぶりに注意しはじめてしまう。

5　**物語に命を吹き込んだか？**――練習するときには物語をビジュアライズしよう。イメージは生き生きとしたものであるほどよい。そして言葉に命を吹き込むように努力する。物語の音、匂い、味、そして感情を意識する。イメージが鮮烈になればなるほど記憶も強くなる。より魅力的な語り手として聴衆と向き合うことを助けてくれるのである。

物語を試したいのだが、自信がなく、間抜けな感じに見えて信用を失うのが怖いという人は少なくない。

自信を持つにはどうすればよいだろう？　自分自身を叱咤激励して自信をつけようとしても、よい結果は出ない。行動することで自信をつけようとしても、効果はたいてい一時的なものでしかない。

それよりも、あなた自身を深く掘り下げ、あなたの行動を抑制する何らかの思い込みがないかを考えてみたほうがよいだろう。思い込みに気づき、あなた自身の信念や価値観に変化が起きたなら、あなたは新しい行動パターンを手に入れることができる。

◎自信を育てる

現在のあなたの仕事上での役割を、もっと輝かしく開放的なメタファーに置き換えることで、あなた自身の思い込みや価値観に変化を起こす方法がある。仕事上での自分の役割を、単なる職種で呼ぶのではなく何らかのメタファーで呼んでみるのだ。たとえばエンターテイナーやパイオニア、守護神だと考えたら、あなた自身の感覚は変わってこないだろうか。

新しい切り口で自分自身を認識することで、あなたのクリエイティビティは活性化する。もっと柔軟に意識を集中でき、変化も受け入れやすくなるのである。

何らかの思い込みを変えたり、自信をつけるのに効果的なのは「まるで〜のように」という枠組みで行動することである。将来の出来事を今起こっていることのように想像することで、それに挑戦できるようになる。

あなたが物語を話すときには「最高のコーチのように」振舞ってもらいたい。そのように振舞ったあとで、うまくいかなかった点やスキル不足を振り返ればよいのである。

「そんなことは無理だ」とか「みんなが嫌がるに決まっている」といった内なる声を成功のさまたげにしてはいけない。ネガティブな内なる声をシャットアウトすることはできないが、自分自身に「私は価値ある行動をしている」「私は能力がある」といった肯定的な言葉をかけ、自分を信頼することで、ネガティブな声の悪影響を減らすことができるのだ。

◎物語のメッセージとあなたの人となりは一致しているか?

聞き手は、語り手の人となりを見通しているものだ。「あなたの人生があなたのメッセージ」なのだ。だからマネジメントについてコーチする前には、自分自身に問いかけてみよう。自分はマネジメント業務に精通しているだろうか? 顧客サービスの物語を語るならば、そのサービス哲学を持ち実行している人でなければ語る資格はない。物語が効果的に機能するのは、語り手が物語を補強する場合のみである。そうでなければストーリーは空虚なものとなってしまう。

03

・聞き手の視点

聞き手と親密な関係を築く方法について考えてみよう。まず、あなたは聞き手のために、最高の物語を選ぶ努力をする必要がある。その物語が聞き手の価値観や目標とする成果、好みに合うものかどうかを確認しなくてはならないのだ。

グループ相手の場合でも、グループのカルチャーを考慮する必要がある。気性の激しい人たちは、穏やかなストーリーには共感しないだろう。実際、エネルギッシュで興奮しやすい人たちを穏やかにすることは簡単ではない。

物語は必ずしも自分自身の物語である必要はないが、深く共感している必要がある。さらに聞き手のニーズにあった物語である必要もある。感覚の鋭い有能な語り手となるには、聞き手のリアリティに入り込む必要がある。聞き手があなたの世界に入ってくることを期待するのではなく、リスナーの考え方、価値観、信条、学習目的を理解するため、あなたが彼らの世界へ旅をしなければならないのだ。

聞き手にとって適切で意義がある物語を選ぶことは、コーチングの効果を高めるだけでなく、聞き手へのあなたの理解を示すものでもある。聞き手を尊重していることを伝えて、親密な関係を築くための大切なポイントなのだ。

◎あなたは本当に理解しているのだろうか？

よく相手に「あなたの立場はわかります」「あなたの気持ちはわかります」と言うが、本当にそうであることはまれである。相手と同じような経験をしているならそう言ってもよいかもしれない。しかし、たとえ同じ経験をしていても、とらえ方は相手と同じであるとは限らない。私はこう言うようにしている。

「私にはあなたの気持ちはわからない。でも一生懸命理解しようとしています」

相手への理解度と親密度を高める方法の一つは、しばらくあなたであることをやめ、相手になっている自分を想像することである。このテクニックで、三つの異なる視点から状況を観察することができる。次のエクササイズを行ってみよう。一人で行ってもいいし、同僚と一緒に行ってもいい。

【聞き手との親密度を高めるエクササイズ】

●ステップ1　物語を話す時間と場所を想像し、その場所に立つ。心の中で、実際に物語を話しているところを想像する。そして聞き手の反応を想像する。あなたには何が見え、聞こえ、感じられるか？　すべての情報に敏感に注意しよう。

●ステップ2　今度は聞き手になったと想像する。聞き手になりきった位置から、何が見え、聞こえ、感じられるか？　どのような情報が加えられただろう？

●ステップ3　今度は壁にとまっているハエになったと想像しよう。あなたが物語を語り、聞き手が聞いているところを想像する。その位置から、あなたには何が見え、聞こえ、感じられるか？　あなたは自分自身にどのようなアドバイスができるだろう？

三つの異なる視点から状況を想像することにより、聞き手との関係を親密にするための柔軟な行動ができるようになるだろう。

◎聞き手の参加を促す

聞き手の参加を促すには、まず最初に、聞き手が自分と関係があると感じられるような物語を選ぶとよい。聞き手が生まれ故郷から出たことのない人たちなら、遠く離れた場所の話をする意味はない。

グループが相手なら「呼びかけて答えを求める」タイプの問いかけで、感情移入を促すことができる。たとえば「さて、何が起こったと思いますか」というような問いかけである。この問いかけは自分も物語の一部だという気持ちにする効果がある。感情移入とともに、記憶力も増進する。

私はリスナーの参加を促すためには「誘導会話」型の方法も使っている。これはグループコーチングに適した方法だ。グループの中から一人選び、次のような感じで、その人物と架空の会話をするのである。

「○○さんと私が目標設定について話し合っていると考えてください。○○さんは私にこう言いました。『私は将来にはっきりした目標がないのです』それで私は○○さんに――」

この架空の会話に説得力があると、会話に巻き込まれ没頭したリスナーが、無意識に、自発的に反応しはじめる。架空の会話にもかかわらず、そこで質問に答えたりする。これはロールプレイの代わりにもなるテクニックだ。

マンツーマンで行っているなら、質問し熱心に聞くことで、クライアントが自然に参加してくるようにすればいい。優れた語り手は、聞き手が物語を語ることも促し、熱心に聞くものだ。そしてコーチは特に、クライアントが用いる言葉にも注意を払う必要がある。なぜならそれは、クライアントの隠された考えを大きく明るみに出すものだからだ。

04

・物語の話し方

話し手と聞き手の視点の面からの準備を終え、いよいよ物語を話す方法について考えていこう。物語を話すことを、難しいプレゼンテーションのように考える人が多い。しかしそれは間違った受け止め方だろう。物語を話すというのは、共有する経験である。つまり物語を話すというのは、無防備であろうとする気持ちの表現でもあるのだ。物語はリラックスした穏やかな感情を生み出し、語り手と聞き手を互いに歩み寄らせ、友好的な関係を築くものだ。

リスナーは完璧なパフォーマンスを期待しているわけではない。コーチに期待されるもっとも重要な要素は、誠実さ、熱意、信頼である。そのためにコーチはノンバーバルも含めたさまざまなコミュニケーションを駆使するのである。

◎呼吸を意識する

物語の話し方は聞き手の人数によって変わる。グループを対象とする場合は、控えめではあってもやはりパフォーマンス的な要素が声に表れる。マンツーマンなら、もっと自然で会話的なものになるだろう。状況に応じた声を使うためには、適切な呼吸が重要である。それは練習と経験によってのみもたらされる。

呼吸のエクササイズは、話し声の改善に非常に効果がある。エクササイズはコーチング中にやろうなどと考えてはいけない。物語を語る予定があり、また特にストーリーテリングの経験が浅いのならば、二、三時間前からエクササイズをはじめよう。エクササイズはしなくても、二、三時間まえから呼吸を意識するのが重要だ。

◎物語を語りはじめる

ウィンブルドンのテニスプレーヤーたちを見ていると、選手それぞれが毎回決まった動作で気持ちを整えているようだ。たとえば左手でボールを三回バウンドさせる、ラケットを二回反時計回りに回す、お気に入りのハンカチで額をふくといった儀式めいたアクションだ。

物語を話す時に、同様の方法を使っているコーチは多い。気持ちを整えるために気に入った立ち方や場所があるのだ。

プレゼンテーション・スキルの定石に反するかもしれないが、私はグループコーチングでは、腕を軽く組んで、足を交差させて立つことが多い。またあるコーチは腕を背中に回して組み、まるで地面の何かを探すような感じで腰から身体を折り曲げてから、話をはじめると言っている。彼はその動きの間に、物語をどう伝えるのかを考えるのである。

こうした方法はコーチの気持ちを整える効果があるだけではない。クライアントの期待感を高めるにもよい方法だ。つまり、特定の立ち方やジェスチャーを物語の開始と結びつけるようになるのだ。私が長くコーチしているグループでは私がお決まりのポーズをとるのを見ると、クライアントたちは反射的に本とペンを置く。リラックスして、ただストーリーに身をゆだねる時間だという反応だ。

◎オープニングの言葉を決める

物語を話しはじめる時にお決まりの「始まりの言葉」があると、あなたもベテランの語り手のように感じられるだろう。その言葉から、流れるように物語に入っていくことを目指すのである。

そのためには、気持ちをストーリーに集中させるお決まりの「枕言葉」を使うとよいだろう。コーチにとってもクライアントにとっても、物語のはじまりのポーズと同じような効果がある。

次の例からそのまま使ってもよいし、あなたなりの言葉にアレンジして使ってもよい。

これは私が友人から聞いた話です――
先日あるところで読んだ話なのですが――
思い出したのですが――
私の知っている人にこんな人がいます――
私の友達の一人なんですが――
こんな話、ご存じでしょうか――
誰でも知っていることですが――

◎声のトーンを決める

物語のために、演技やパフォーマンスを学ぶ必要はない。ビジネス・ストーリーテリングに演劇的なパフォーマンスを持ち込むと、いかにも準備万端で筋書きが決まっているように聞こえて、物語がうそ臭く感じられてしまう。それにクライアントとコーチの距離を感じさせてしまうと、物語への共感もより難しくなる。

しかしながら、声はとても大切な要素である。ふさわしい雰囲気を作るためには、声の音質、高さ、大きさ、強弱、スピードなどが非常に重要だ。ビジネス・ストーリーテリングの声の使い方には特別なスキルが要求される。特に物語をはじめる時の声がきわめて重要だ。それが相手とよい関係を築けるかどうかを決める一つの要素である。

また、声のトーンをできるだけ相手のトーンに合わせる努力も必要だ。グループを対象にする場合でも、グループの雰囲気やカルチャーを観察し、受け入れられやすい声を使わなくてはならない。

物語のはじめには、相手はまだ現実の世界にいるのである。そのことをあなたの声の調子に反映させるようにする必要がある。「昔々あるところに――」という言葉を使うとしても、普通の日常的なビジネスボイスを使えばいい。いったん信頼関係が出来上がり、聞き手が集中し夢中になったら（普通そんなに時間はかからない）そこではじめて声のトーンとスピードを数段階落とすようにする。そうすれば聞き手をリラックスした受容的な状態に導くことができるのである。

次のチェックリストで、物語を語るための声の準備をするとよいだろう。

【声の準備のチェックリスト】

- あなた自身の声のトーン・高さ・速さ・ボリュームを意識し、それを聞き手と合わせるようにする。それが彼らと親密な関係を築く方法の一つである。
- リアリティを演出し、ムードを生み出すため声の調子を調節する。しかし、あまりにも芝居がかった感じにはしない。
- 子どもに読み聞かせるような声を使わない。クライアントは目下扱いされていると感じたならば、話への興味をなくしてしまう。
- 緊張感と重みを出すため、声の調子とボリュームを下げる。
- 「あー」とか「えー」といった神経質な癖をやめる。それならば沈黙したほうがずっといい。それは聞き手にあなたの能力への不信感を抱かせる。
- さまざまな登場人物が出てきても、声を変えようとしないこと。気を散らせることになるし、話すほうも大変だ。どの声がどの登場人物だったかなんて覚えていられない。
- 物語において、繰り返しや誇張した表現は重要な原則である。言葉の繰り返しは、パターン化により記憶を定着させるのを助ける。誇張はユーモアとなり、聞き手をリラックスさせメッセージを受け入れやすい状況をつくるのである。

◎ノンバーバル・コミュニケーション

コミュニケーションにおいて、ボディランゲージが非常に重要な役割を果たしていることは、すでに認識されていることと思う。しかしビジネス・ストーリーテリングのポイントは「物語の底に流れるメッセージ」であることを心に留めておいてほしい。ボディランゲージはごくシンプルで自然なものに限らなければならない。ストーリーテリングは耳にも目にも安らぎを与えるものでなくてはならない。そのためこっけいで大げさなジェスチャーには注意しなくてはいけないのだ。

グループと個人のどちらを対象にするかによっても変わってくる。グループの場合、立って話したほうがよい場合が多い。より芝居がかったジェスチャーや動きを使っても大丈夫だ。マンツーマンの場合はすわって、穏やかな動きを心がけよう。

次のリストでノンバーバル・コミュニケーションのチェックをしておこう。

【ノンバーバル・コミュニケーションのチェックリスト】

●顔の表情は、話の内容と一致していなくてはならない。笑いながら悲痛な話をしているようでは信用をなくしてしまう。話と表情が不一致ならば、人は言葉より見たもののほうを信じるのだ。

●アイ・コンタクトを意識しよう。アイ・コンタクトには二つのメリットがある。一つは聞き手を物語の世界に巻き込むきっかけとなる。二つ目は、アイ・コンタクトをすることで、相手の反応を見て必要な調整ができるのである。

●ジェスチャーは物語のメッセージを損なわないように、またジェスチャーの意味を印象づけるためにも、最小限にしておかなくてはならない。

●姿勢を意識すること。だらしない姿勢では、あなた自身が物語に無関心であるような印象を、聞き手に与えてしまう。よい姿勢は、自信を示すだけでなく、声にもよい影響を与える。

◎終わりと橋渡し

物語の終わり方も大切だ。説得力のある終わり方をする必要がある。ハッピーエンドは聞き手に「終わった」という充足感をもたらす。物語においては、ハッピーエンドは神聖なものであると言ってもよいだろう。「そして彼らはいつまでも幸せに暮らしました」という言葉は勝利のフィナーレのようなものなのだ。一方、アンハッピーエンドは、聞き手を未完了な感覚にする。

物語から実生活へと聞き手を移行させる言葉、つまり橋渡しの言葉も作るとよい。次に例を挙げる。

そろそろ終わりの時間が近づいてきました——

皆さんはすでに、明日の仕事のことを考えていらっしゃるかもしれませんね——

物語があなた自身の何かを語っていることに、これから気がつかれるかもしれません——

◎物語を話し終わったときに

そして物語を終えたら、物語が何を意味しているのか、必ずしも説明する必要はない。物語の作用は人それぞれだ。たいていの場合聞き手が結論を見つけるまで放っておいたほうがいいのである。

物語を話し終わったあとの沈黙を恐れないでほしい。それはもっとも魅力に満ちた時間である。聞き手が物語を消化し、じっくりと考え、物語のメッセージと彼らの実生活とのつながりを見つけている時間なのだ。この時間には、クライアントはまだ物語の中に入り込んでいる。「では仕事に戻りましょう！」というような言葉で、せっかくの状態を壊さないよう注意してほしい。

高らかに「ありがとうございました」と言って拍手を引き出してもなんの意味もないのである。

クライアントの沈黙が続くなら、一緒に沈黙を味わい、声の余韻をしばらく空中に漂わせておけばいい。沈黙の時間こそが、語り手への最高の賛辞なのだ。聞き手が別の世界にどっぷりと浸り、日常世界に戻ってくるのに少し時間がかかるなら、そのつかの間の休憩を持たせてあげよう。

さて、この本も終わる時がきたようだ。ここでストップし、あなたと沈黙のひとときを分かち合おう。

コーチングに関する全般的なご質問は

▶日本コーチ協会

健全なコーチの育成とコーチング・スキルの発展・普及を通じて社会に貢献することを目的に設立された。
支部活動の支援、国際コーチ連盟認定コーチ申請の英訳サポートなど。

http://www.coach.or.jp
TEL　03-3237-8994

コーチング・スキルを学びたい方、個人的にコーチを雇いたい方は

▶株式会社コーチ・トゥエンティワン

1997年　米国の大手コーチ育成スクールとライセンス契約を結び日本初のプロフェッショナルビジネスコーチの養成機関として設立された。国際コーチ連盟認定プログラムである「コーチ・トレーニング・プログラム（CTP）」を提供。財団法人生涯学習開発財団の認定資格を取得することができる。
無料のコーチング・メールマガジン「WEEKLY COACH」の配信申込は下記のウェブサイトへ。

http://www.coach.co.jp
TEL　03-3237-9781

コーチングの導入を検討している企業・団体の方は

▶株式会社コーチ・エィ

24人のプロフェッショナル・コーチを要する（2004年10月現在）日本で随一の「コーチング・ファーム」。“We mine YOUR resources”「まだ触れたことのない、人と組織の資源を発掘する」ことをミッションとし、300社を超える企業に対して、管理者向けコーチング研修、エグゼクティブに対するワン・オン・ワンコーチング、風土改革、チェンジマネジメントなどのプロジェクト型コーチングを実施している。

http://www.coacha.com
TEL　03-3237-8815

コーチング選書
人を動かす50の物語

発行日 2004年11月20日 第1刷

Author M.パーキン
Translator ディスカヴァー・クリエイティブ
(翻訳協力 佐々木雅子)
Book Designer 重原 隆(装丁)
ムーブ(本文)
Illustrator 藤川孝之
Publication 株式会社ディスカヴァー・トゥエンティワン
〒102-0075 東京都千代田区三番町8-1
TEL 03-3237-8991(編集) 03-3237-8345(営業)
FAX 03-3237-8323 URL http://www.d21.co.jp

Publisher 干場弓子
Editor 原 典宏

Promotion Group
Staff ● 小田孝文 中澤泰宏 片平美恵子 井筒浩
千葉潤子 芳澤岳史 大山聡子 長谷川雅樹 早川悦代
飯田智樹 児玉真悠子 佐藤昌幸 高島未来 田中亜紀
谷口奈緒美 横山勇 鈴木隆弘
Assistant Staff ● 俵敬子 長土居園子 町田加奈子
丸山香織 小林里美 冨田久美子 井澤徳子
Angel ● 藤井多穂子 片瀬真由美 藤井かおり 三上尚美
大薗奈穂子
Operation Group
Staff ● 吉澤道子 小嶋正美 小関勝則 八木洋子
Assistant staff ● 竹内恵子 望月緑 畑山祐子 熊谷芳美
宍戸結花 黒川あかね 鈴木由理枝

Printing 大日本印刷株式会社

定価はカバーに表示してあります。本書の無断転載・複写は、著作権法上での例外を除き、禁じられています。インターネット、モバイル等の電子メディアにおける無断転載等もこれに準じます。乱丁・落丁本は小社までお送りください。送料小社負担にてお取り替えいたします。

©Discover 21, Inc., 2004, Printed in Japan.

今、世界のリーディングカンパニーが続々導入
21世紀のマネジメント＆エデュケーション技術

人と組織のハイパフォーマンスをつくる
コーチング選書　創刊!!

日本随一のコーチング専門機関
コーチ・エィ＆コーチ・トゥエンティワン　監修

シリーズ第1弾3点刊行

コーチング5つの原則

Coaching Evoking excellence in others
2520円（税込）

会話のマネジメント

Communication Catalyst
2310円（税込）

人を動かす50の物語

Tales for coaching
2100円（税込）

●
●
●

すべてのリーダーとマネージャーのために

●